KB268780

아들,
예루살렘에
가자

하나님의 아들 발자취를
여덟 살 아들과 따라가보다

김미화 지음

어문학사

하나님의 아들이 이스라엘에서 태어나셨다. 인류의 죄 문제를 해결하기 위해 예루살렘으로 가셨다. 그곳의 한 언덕에서 십자가에 못 박혀 죽으셨다. 3일 후 다시 살아나셨다. 그리고 부활 40일째 하늘로 올라 가시며 세상 마지막 심판을 위해 다시 예루살렘으로 올 거라고 말하셨다.

하나님의 아들이 태어나 역사가 기원전과 기원후로 나뉘었다. 성경도 구약과 신약으로 나뉘었다. 더는 짐승을 죽여 제사를 지내지 않아도 되고 하나님의 아들 이름으로 구원의 문제가 해결되었다.

이스라엘을 하나님의 눈동자라 부른다. 세계 지도를 펼쳐보면 이스라엘이 세계 중심에 있다. 성경에 여호와 하나님 다음으로 많이 나오는 단어가 이스라엘이다. 인류사가 이스라엘에서 출발했으니 내 정체성의 뿌리도 그곳에서 찾아보기로 했다.

이스라엘에 갈 결심을 하고 이스라엘에 대해 공부하기 시작했다. 알수록 놀라움으로 입이 벌어졌다. 그동안 구약성경을 잘 이해하지 못했던 중요한 이유가 드러났다. 이스라엘을 제대로 알지 못해서였다. 그리고 내가 이스라엘과 얼마나 가깝게 연결되어 있는지를 깨닫기 시작했다.

1년 동안 이스라엘에 대해 공부하며 여행을 준비했다. 남편은 테러 위험이 있으니 절대 안 된다고 했지만 내 고집을 꺾지 못하고 결국 보름만 다녀오라고 해주었다. 혼자가 아니라 아이와 단둘이, 그것도 이스라엘을 여행한다는 것에 겁이나 내심 속이 뒤틀렸다.

그러나 이스라엘 땅을 밟는 동안 알 수 없는 평화로움으로 벅찼다. 하나님의 아들이 태어나서 죽기까지의 여정을 따라가보는 게 기뻤다. 하나님이 내게 맡기신 아이에게 하나님의 아들의 발자취를 보여주고 들려줄 수 있어 감동이었다.

이 글은 아이에게 들려주는 엄마의 이스라엘 얘기다. 다른 아이들, 다른 엄마들에게도 들려주고 싶어 이 글을 쓴다.

차례

1

이스라엘에 왜 가?

이스라엘에
왜 가?

여행을 떠난다고 하면 사람들은 보통 잘 다녀오라고 하잖아. 그런데 내가 이스라엘에 간다고 했을 때 주변 사람들이 한결같이 뭐라고 했는지 알아?

이스라엘에 왜 가? 위험한 곳에 왜 가?

성경을 믿는 사람조차 그렇게 얘기하더라구. 성경에 여호와, 하나님 단어 다음으로 많이 써 있는 이스라엘이 성경과 상관없는 나라가 된 지 너무 오래 됐거든. 기원후 70년에 이스라엘은 로마에 의해 멸망되고, 1900년 동안 다른 나라에 흩어져 살았던 디아스포라(팔레스타인을 떠나 전 세계에 흩어져 살면서 유대교의 규범과 생활 관습을 유지하는 유대인을 이르는 말) 이후에 성경의 이스라엘이 하나님을 믿는 사람들과 교회로 이해되기 시작했거든. 그런데 이스라엘이 2000년 만에 다시 나라로 세워졌어. 하지만 여전히 이스라엘은 성경 속 축복의 나라가 아니라는 생각에 머물러 있는 거야.

게다가 이스라엘 나라가 만들어지자마자 자기 땅을 빼앗겼다고 생각한 주변 아랍국의 미움으로 테러와 전쟁의 위험에 있어. 2000년 동안 남의 땅에서 살 때도 핍박 받다가 성경이 약속한 땅으로 돌아와서도 아랍 연합국의 핍박을 받고 있으니 이스라엘이 과연 하나님이 선택하신 특별한 축복의 나라인지 의심할 수밖에 없지. 팔레스타인 현지인들을 무력으로 쫓아낸 나라라는 세계의 비난을 받고 있기도 하고, 이스라엘에 가면 살아오기 힘들 것처럼 위험하게 보도하니까 이스라엘로 여행가는 것을 무서워 할 수밖에 없게 된거란다.

엄마도 이스라엘 여행을 결심하기까지 1년 이상 걸렸어. 무서워서. 중동 지역의 낙타 바이러스로 시끄러워서 못가고, 계속 테러 사건이 일어나서 못가고…. 잠잠해지고 평화로워질 때까지 기다리다가는 언제 갈 수 있을지 모르겠더라구. 그래서 걱정되고 무서운 마음 질끈 동여매고 비행기 표를 샀어. 표를 살 때도 여행사 직원 역시 위험한 곳을 왜 가려고 하냐고 하더군.

주변에서 걱정하지 않아도 엄마는 위가 뒤틀리게 무서웠어. 엄마 혼자 가는게 아니라 너하고 가려고 했기 때문이야. 네가 테러당할 수 있다는 가능성만으로도 온몸이 차가워지는거 같았으니까. 아빠는 엄마가 할머니 나이쯤 되면 보내줄 수 있지만 어린아이와 지금 여행은 안 된다고 단호히 반대했어. 그런데 어떻게 아빠와 싸우지 않고 이스라엘 비행기를 탔냐구? 성경의 하나님의 눈동자 나라를 가고 싶다는 기도가 하나님께 전달됐기 때문일 거야.

아들, 예루살렘에 가자

I am sorry,
but it is not my fault ?

이스라엘을 사랑하기 위해 떠난 비행기 안. 성경이 쓰인 나라로 가고 있다는 셀렘으로 성경을 꺼내 읽고 있는데… 아이들이 시끄럽게 떠드는 소리가 계속 거슬리게 들리는 거야. 바로 앞자리에 앉은 두 여자 아이가 히브리어로 계속 시끄럽게 재잘거리는데 아이들 엄마는 가만히 내버려두고 있더라구. 기내에서 그 아이들 소리가 쩌렁쩌렁 울리고 있는데도 말이지.

성경을 읽는데 신경질이 나는 아이러니를 아니? 이스라엘을 사랑하고자 떠나는 비행기에서 이스라엘 아이들한데 화가 나는 아이러니까지?

이스라엘 교육이 세계 최고라고 하니 공공장소에서의 매너도 아이들이 잘 교육받을 거라고 생각했었는데 실상이 이럴 줄 몰랐지. 아니면 아이들을 자유롭게 떠들게 해주는 것을 교육적이라고 생각하고 있는 것인지. 아무튼 주위를 전혀 개의치 않고 떠드는 아이들을 그냥 내버려두는 엄마는 분명 다른 사고를 지니고 있는 것 같아.

내가 혼돈스러워 하고 있을 때 갑자기 찬물이 내 자리에 뿌려졌어. 앞자리의 작은 아이가 물을 엎지른 게 내 자리로 쏟아진 거야. 아이 엄마가 뒤를 돌아보며 내게 미안하지 않은 얼굴로 얘기했어.

"I am sorry, but it is not my fault."

이런 이상한 사과는 처음 들어봤어. 아이가 잘못하면 아이 잘못을 엄마의 잘못으로 여기고, 아이가 불쾌감을 준 사람에게 엄마가 대신 사과하지 않나. 그게 맞지 않나?

이상한 사과가 이해되지 않아 내 젖은 가죽 가방을 들어보였더니 아이 엄마가 다시 똑똑한 표정으로 말했어.

"She is just a little girl."

어린 아이가 실수한 걸 가지고 신경을 쓰는 나를 오히려 딱하다는 듯 쳐다봤어. 그런가? 아이들 실수에 화내는 게 어리석은 건가?

그런데 내가 진 것 같은 이 작은 낭패감을 어떻게 해야 하지?

아들, 예루살렘에 가자

사막에서 농사짓는 대통령

— 벤구리온

우리가 도착한 공항은 이스라엘 텔아비브(tel aviv)에 있는 벤구리온 공항이야. 벤구리온은 이스라엘이 1948년 독립된 후의 첫 수상이야. 세계에 흩어져 있던 많은 이스라엘 사람들을 이스라엘로 돌아오게 했어. 이스라엘이 독립하는데 큰 역할을 했고, 수상으로 있는 동안 이스라엘이 세계적으로 강한 군대가 되도록 힘썼어. 말년에 중동 지역 나라들과 평화를 위해서 노력한 것은 성공하지 못했지만 말이야.

벤구리온의 원래 이름은 다비드 벤구리온(David Ben-Gurion)이야. 다윗의 이름과 같지? 작은 소년 다윗이 블레셋, 지금의 팔레스타인 거인 골리앗을 돌멩이 하나로 죽였잖아. 이스라엘은 소년 다윗 같다는 생각이 들어. 중동 연합 아랍국 골리앗이 힘이 세서 이스라엘을 깔보고 위협해도 다윗 이스라엘한테는 하나님이라는 돌멩이가 있거든.

다비드 벤구리온이 늙어서 수상을 그만두게 되었을 때 어디에서 살았는지 알아? 네게브 사막으로 갔어. 그곳에서 작은 집을 짓고 사막의 땅을 일구면서 보냈어. 그 후 그 사막에서 죽었어. 한 나라의 대통령이 물러나 사막에서 농사짓다 죽었다는 거지. 정말 멋있는 할아버지 같지 않아?

벤구리온은 이스라엘 국민들에게 '아버지'로 불렸어. 그래서 이스라엘 공항 이름이 벤구리온인 거야. 이탈리아 로마 공항은 이탈리아 사람들이 가장 자랑스러워하는 레오나르도 다 빈치 이름을 쓰잖아.

한국 공항 이름은 뭐야?

안타깝게도 한국 공항에는 이름이 없어. 킹 세종(king sejong) 공항이라고 부르면 어떨까?

아들, 예루살렘에 가자

지구본을 돌려봐, 흙과 물이야.
사람도 다르지 않아

사람 몸에서 물이 차지하는 비율이 70퍼센트란다. 지구는 어떨까? 지구 표면의 70퍼센트가 물로 덮여 있어. 놀랍지?

성경에서 하나님이 사람을 흙으로 만드셨다고 얘기하고, 현대 과학자가 흙의 성분과 사람 몸의 성분이 같다는 것을 증명하고 있어.

그런데 어떤 사람들은 이 세상과 사람이 어떤 작은 것에서 빵하고 터져 생겼다는 '빅뱅'을 믿어. 이런 사람을 만나거든 물어보렴. 그 작은 것은 누가 만들었고 빵하고 터진 힘은 또 어디에서 온 것 같냐고.

엄마도 학교에서 진화론을 배웠어. 사람이 원숭이였다는 얘기를 듣고 자존심이 상하더라고. 다윈이 『종의 기원』을 썼지만 스스로 증명할 수 없어 고민했다는 것을 선생님들도 몰랐던 것 같아. 세상과 사람이 어떻게 만들어졌는지 이해할 수 있도록 가르쳐주지 않아 정말 답답했어. 선생님들의 분필을 부러트리고 싶을 정도로.

너는 어린 나이에 성경을 읽고 믿고 있으니 정말 복이 많은 거야. 누가 이 세상을 만들었는지 누가 '나'를 만들었는지 엄마처럼 답답증 걸릴 일이 없을 테니 말이야. 그리고 도대체 왜 우리가 이 세상에 살고 있는지까지 성경이 알려주고 있다는 것을 너도 멀지 않은 시간에 느꼈으면 해.

세상 모든 사람들의 궁극적인 삶의 물음들이 풀어지는 곳이 성경이고, 그 성경이 쓰인 곳이 이스라엘이야. 그 이스라엘 땅에 우리가 지금 발을 들여놓았으니 감격스럽지 않니?

아들, 예루살렘에 가자

안식일을 기억하며 거룩하게

— 사바스(Sabbath)

우리가 이스라엘에 도착한 날은 금요일. 사바스가 시작되는 날이기도 해. 엄마는 이스라엘 비행기 표를 사고서야 알았어. 이스라엘에서는 금요일 해 질 녘부터 토요일 해 질 녘까지 모든 가게가 문을 닫고 대중교통도 운행을 중단한다는 것을 말이야. 예루살렘에 있는 한국인 민박집을 예약해 뒀지만 그곳으로 갈 교통편이 없을 것 같아 픽업 서비스를 받을 곳을 찾아야 했어.

유대인들은 금요일 해 질 무렵부터 모든 가게, 관공서, 병원, 학교까지 모두 문을 닫아. 심지어 이스라엘 항공사 비행기도 안 떠. 도대체 사바스가 무엇이고, 그들에게는 뭐가 그렇게 중요하기에 모든 것을 멈추는 걸까?

사바스의 기원은 성경에서 찾을 수 있단다. 창세기 천지창조에서 하나님이 세상을 6일 동안 만드시고 7일째 되는 날은 쉬셨다고 하거든. 사람들에게도 6일 동안 일하고 7일째는 쉬라고 명령하셨어. 출애굽기 20장 8절에 '안식일을 기억하며 거룩하게 지키라'라고 써 있어. 그래서 유대인들은 7일째 안식일을 지키고

있고, 유대교는 일주일의 시작이 일요일이고 금요일, 토요일이
그들의 주말이라서 금요일 저녁부터를 안식일로 생각하는 거야.
다른 나라가 일요일에 쉴 때, 이스라엘에서는 학교 가고 회사 가
고 하는 거지.

사바스가 시작되는 금요일 해 지기 전에 사람들이 북새통을
이루면서 장을 봐. 해 지기 전에 안식일 가족 만찬을 준비해야 하
거든. 테이블에 예쁜 꽃 장식을 하고, 풍성한 식탁을 차린 다음,
가정의 제일 연장자인 여자가 초에 불을 켜.

여자인 이브가 뱀에 속아 아담까지 죄를 짓게 했잖아. 죄를
지으면서 세상이 어두어졌으니 여자의 후손들이 촛불을 켜서 빛
이 돌아오도록 해야 한다는 의미가 있어. 촛불을 켠 후에는 이런
축복 기도를 해.

복되신 당신은 우리의 주 하나님이시며
세상의 왕이십니다.
당신의 명령으로 우리를 정결케하신 분이시여.
안식일의 빛 중의 빛이시여.

모든 유대인 가정들이 식탁에 초를 켜고 기도하고 가족들과
두런두런 이야기를 나누는 시간에 우리는 예루살렘 한인 민박집
에 도착했어. 저녁 메뉴가 유대인들이 절대 안 먹는다는 삼겹살
이었어. 러시아에서 온 유대인들이 삼겹살을 먹기 때문에 이스

아들, 예루살렘에 가자

라엘에서도 삼겹살을 파는 곳이 있게 된거야.

마침 민박집에는 너 또래의 남동생이 둘이나 있어 세 개구쟁이들이 소리지르며 쿵쿵 뛰어댔녔지. 아파트의 다른 유대인 사람들은 얼마나 힘들었을까. 스위치도 손으로 안 켜는 완전 정지의 안식일이니 누가 화내며 찾아올 수 있기나 하겠어?

이스라엘에 왜 가?

예루살렘 한인 교회는
목사들이 교인

　이스라엘에서의 첫 아침이 시작되었지만 토요일이라 대중교통도 없고, 상점들도 문을 닫아 오늘 할 수 있는 선택 사항은 한 가지뿐이었어. 교회에 가는 것.

　예루살렘 한인 교회들도 유대인 안식일에 맞춰 토요일에 예배가 있어. 마침 한인 민박집 주인도 교회 전도사이고, 어제 공항에서 민박집까지 픽업 서비스 해주신 분이 같은 교회 목사님이셨어. 그리고 목사님이 우리 숙소 근처에 살고 있고, 교회 가는 길에 같이 차를 타고 갈 수 있었던 건 행운이었어. 자가용이 없으면 금요일과 토요일에 집 밖에 나갈 수가 없으니까.

　100여 명이 예배 드리는 한인 교회에 아이들이 많아 인상적이었어. 예루살렘에서 자라는 한국 아이들은 특별한 복을 누리고 있다는 생각이 들었지. 너도 예루살렘에서 살게 해주면 좋지 않을까 하는 생각도 들었고. 한인 교회의 또 다른 인상적인 것은 교인 대부분이 목사님이라는 거야.

　세상 어느 교회에 목사님들이 교인 대다수인 곳이 있을까?

아들, 예루살렘에 가자

한 분 한 분 하나님의 특별한 부르심을 느끼고 예루살렘에 오셨을거야. 하나님 눈동자의 땅에서 이루어야 할 사명감을 가지고 말야. 전체 예배가 끝나고 다시 모여 히브리어 성경 공부하는 것도 부러웠어. 인류 최초의 언어가 어떤 언어인지 아무도 증명하지 못하고 있지만 최초로 쓰인 성경은 히브리어였어. 성경 원본의 히브리어와 지금 현대 히브리어와는 차이가 있다고 해도, 히브리어로 성경을 읽는다는 것은, 번역된 성경으로 읽는 것과 비교할 수 없는 성경의 깊은 의미가 느껴질 거 같아.

예배가 끝나고 교인들 점심으로 카레와 김치를 먹었어. 김치가 엄청 맛있는데 이스라엘 키부츠에서 가져온 배추로 만들었

대. 그 유명한 키부츠의 채소를 먹어보는 행운까지 누리다니.

키부츠가 뭐야?

이스라엘이 독립하고 이스라엘 땅으로 유대인들이 들어왔을 때 팔레스타인 땅은 그저 황량한 사막이었어. 아무도 그 사막에서 풍성한 농작물이 나올거라고 상상도 하지 못했었어. 그런데 유대인들이 갈릴리 호수 근처, 엔게브라는 곳에 처음으로 농사짓는 공동체를 만들었어. 죽은 땅을 살리기 위해 열악한 조건에 여러 유대인이 목숨까지 잃으면서 일했어. 그리고 결국 키부츠라는 자치적인 생활 공동체를 이루었어. 공동체 안에서 재산을 공유하고, 주민 모두의 의식주와 복지를 해결하고 있어. 키부츠는 또 하나의 이스라엘의 기적으로 불리고 있고, 이스라엘 경제, 정치에 많은 기여를 하고 있어.

우리나라 70년대에 농촌 개발을 위한 새마을 운동이 있었거든. 그 새마을 운동이 이스라엘의 키부츠를 모델로 삼은 거란다. 한국과 이스라엘이 얼마나 많은 부분에 연결되어 있는지 여행하면서 알려줄게.

아들, 예루살렘에 가자

수염 긴 유대인 할아버지에게
애프터 셰이브를 선물하다

일요일인데, 민박집 아이들은 아침 일찍부터 부산스럽게 학교 갈 준비를 하네. 이스라엘 학교 수업은 아이들이 수업 내내 질문을 쏟아내는 걸로 유명하고, 그 질문하는 능력이 자연스럽게 토론하는 능력으로 발달한다고 알려졌어. 토론을 통해 언어 능력, 논리 전개 능력이 길러지는거지.

자유스러운 생각이 존중되고, 거침없이 궁금한 것들을 표현하게 하는 이스라엘 학교 교육이 한국 교육에 적용될 수 있다면 얼마나 좋을까.

한국 아이들은 영리하고 학습 능력이 뛰어나니 언어 표현력과 자기 의견을 논리적으로 설득하는 능력이 함께 길러진다면 많은 뛰어난 인재들이 나올테니까.

오늘 우리 어디 갈 거야?

예수님의 여정을 보고 싶어서 예루살렘에 왔지만 엄마가 그전에 한 가지 하고 싶은게 있어. 예루살렘에서 가장 오래된 고아원을 방문하는 거란다.

성경에 하나님이 돌보라고 한 두 그룹이 있는데 고아와 과부야. 예수님의 땅을 밟기 전에 성경의 말씀 하나에 순종하고 싶어서 고아원 방문 신청을 했어.

이스라엘로 오기 전, 안전에 대한 두려움 때문에 이스라엘 대사관과 문화원, 기타 관련 기관에 여행에 관한 문의를 했었거든. 어떤 곳도 답변을 준 곳이 없었어. 유일하게 답변을 받은 곳이 고아원 방문 신청이었어. 고아원 원장님과 메일을 주고 받으며 이스라엘에 가는 데 많은 용기를 얻었어.

그런데 주소만으로는 이곳의 대중교통을 모르는 엄마가 어떻게 가야할지 모르겠더라고. 택시를 타기에는 이곳 아랍 택시

아들, 예루살렘에 가자

기사들이 외국인에게 바가지를 씌운다니 더럭 겁이 났어. 아랍 아저씨들 무서워 보이는데 택시 탔다가 우리를 납치라도 해버리면? 일단 버스 정류장으로 가서 지나가는 택시 중에 착하게 생긴 기사 아저씨가 보이면 타자.

버스 정류장에 서서 지나가는 아랍 택시 기사들의 얼굴을 보니 겁이 나서 손을 들어 세울 수가 없어. 어떻게 하지? 고아원 원장님이 기다리고 있을텐데.

그런데 이게 무슨 일이지? 갑자기 한국인으로 보이는 사람이 우리 옆으로 쓱 지나가고 있잖아! 어제 한인 교회 예배에서 만났던 분이야! 이분도 목사님이시겠지. 지금 우리한테는 하나님이 보내주신 천사지.

천사 아저씨가 버스로 고아원에 갈 수 있는 방법을 알려주셨어. 그리고 우리가 타야 할 버스가 지금 서 있는 이 버스 정류장에서 탈 수 있다는 거야. 버스 요금으로 이스라엘 동전이 없었는데 우리의 천사가 동전까지 줬어.

하나님이 고아원 가는 발걸음을 이렇게 좋아하시는구나.

우리가 있는 '프렌치 힐' 버스 정류장에서부터 열한 번째 정류장에 내리면 된다고 했으니 같이 정류장을 세면서 가볼까. 버스가 점점 전통 유대인 마을로 들어가고 있네. 하얀 셔츠에 검은색 외투, 검은 모자를 쓴 사람들. 텔레비전에서만 보던 곳이 이런 풍경이었구나.

열한 번째 정류장에서 내려 주소지를 두리번거리며 찾고 있

이스라엘에 왜 가?

는데 어느 문 앞에서 한 유대인 할아버지가 우리를 이미 알고 있는 듯 웃으며 반겨주시네. 고아원 원장 할아버지가 문 앞에서 우리를 기다리고 있었구나. 할아버지의 따뜻한 미소에 마음이 녹아들며 고아원 안으로 들어갔어.

고아원 원장실 의자에 앉아 원장 할아버지하고 얘기하고 있는데 너는 엄마가 앉아 있는 회전 의자 나사를 돌려 의자가 갑자기 푹 가라앉게 하는 헤프닝을 벌이다니. 너 때문에 가만히 있어도 땀날 때가 많아.

그런데 엄마도 어처구니없는 실수를 했어. 이스라엘에 오기 전 너무 긴장해서 고아원 원장님이 수염 긴 유대인이라는 생각을 못하고 애프터 셰이브 로션을 선물로 준비했거든. 고아원 아이들에게 줄 작은 선물들을 건네드리고 애프터 셰이브 로션은 사과하고 가방에 도로 넣었어. 원장 할아버지는 유대인은 슬픔을 표현하려고 수염을 기른다고 하셨단다.

아들, 예루살렘에 가자

슬퍼서
수염을 기른다

슬퍼서 수염을 기른다니! 박해당한 유대인 역사에 대한 슬픔 때문일까? 아직도 슬프도록 간절하게 메시아를 기다리고 있기 때문일까?

전통 유대인이 믿는 카발라(kabbalah)라는 유대교 신비주의에서 우리 몸은 보이지 않는 우리의 마음과 영을 비쳐주는 것이라고 얘기해. 그래서 수염이 머리에서 몸으로 내려가는 것도 마음과 심장이 연결되는 모습으로 해석한단다. 생각하는 것을 행동하는 것과 연결한다는 의미가 있어.

무엇보다 유대인들이 수염을 기르는 이유는 레위기 19장 27절에서 알 수 있어.

'머리 가를 둥글게 깎지 말며 수염 끝을 손상치 말며'

모세가 하나님을 경외하는 모습으로 수염을 깎지 말라고 했으니 모세의 율법을 생명처럼 지키려는 유대인들이 이 말을 표현 그대로 받아들이고 행하는게 당연하지 않을까.

여자 손은
부정한 손

애프터 셰이브 로션을 미소로 사양하신 수염 긴 원장 할아버지가 우리에게 고아원 이곳저곳을 보여주셨어. 탈무드 책으로만 온 벽을 가득 채운 도서관이 인상적이었어. 고아원 옥상에 만들어진 농구장을 보기 위해 올라갔을 때 농구 코치 유대인 아저씨를 만났는데 엄마가 또 실수를 저질렀어.

습관적으로 손을 내밀어 반가운 인사를 나누려 했는데 농구 코치 유대인 아저씨가 화들짝 놀라는 표정으로 두 손을 등 뒤로 오히려 감추는 거야. 엄마가 실수했다는 걸 알고 순간 볼이 화끈해졌어.

농구 코치 아저씨는 미안해하는 엄마에게 종교적인 이유로 여자와 손 악수를 하지 않는다고 친절하게 설명을 해주었어. 하지만 유대인에 대한 기본 상식을 알아보지도 않고 와서 행한 무례함에 붉어진 볼은 좀처럼 가라앉지 않았어.

아들, 예루살렘에 가자

한복, 태권도복 입고 좋아하는
유대인 고아원 아이들

이 고아원에는 130명의 아이들이 있는데 7살부터 18살까지 있대. 일부 고아들은 고아원에 가정집처럼 마련된 곳에서 보호자 역할을 하는 어른과 함께 생활하고 있어. 그 가정집을 찾아가서 아이들과 만나 얘기하고 싶다고 하니 친절한 원장 할아버지가 미소로 허락해주시네.

고아원에 있는 모든 아이들은 유대인 모자를 쓰고 있어. 모두 같은 모자를 쓰면 같은 공동체라는 유대감이 생겨서 더 돈독해질 것 같아. 아이들의 표정은 밝아 보였어. 원장 할아버지가 한국에서 온 우리를 소개해주자 다들 호기심 어린 표정으로 쳐다보았지. 저 아이들에게 뭔가 줄 게 많았으면 좋겠다는 바람이 슬프게 올라오는데 일단 집에서 가져온 너의 한복을 유대인 아이들에게 입혀보는 걸로 시작하자.

처음 보는 한복을 신기해하며 좋아해줘서 다행이야. 이번엔 태권도복도 입혀보자. 태권도복을 입은 유대인 아이가 좋아하니 다른 아이들 몇이 자기도 하나 갖고 싶다고 하네. 이 일을 어쩌

나. 달랑 하나 있는데.

한국 재기라도 차보게 해서 분위기를 바꿔볼까?

다행이야. 서로 웃고 재미있어 하네. 원장 할아버지도 흡족하게 웃으시고.

아이들이 한국에 대해 궁금한 것들을 물었어. 영어로 얘기하면 원장 할아버지가 히브리어로 아이들에게 얘기해줬어.

한국의 인사말이 안녕인데 이 안녕이 히브리어의 샬롬과 같은 평화라는 뜻이 있다고 얘기해줬어. 세계 언어 인사말 중에서 한국어 안녕과 히브리어 샬롬만 평안하라는 인사말을 나눈다고 했더니 원장 할아버지부터 좀 놀라시네.

그런 의미에서 한국과 이스라엘, 우리가 서로 평화를 사랑하는 민족으로서 친구가 될 수 있기를….

아들, 예루살렘에 가자

031

이스라엘에 왜 가?

동물과 놀이를 통해
아이들의 마음 상처를 치료하다

아이들의 방에서 아쉬운 마음으로 나오니 원장 할아버지가
우리에게 흥미로운 장소를 보여주신대. 바로 동물을 이용한 치
료방이야. 이곳의 아이들이 마음에 두고 있을 상처 치유를 위해
마련된 곳이래. 전문 심리 상담가가 고아원을 방문해서 치료가
필요한 아이들을 작은 동물들이 있는 이 방으로 데려오는 거야.
동물들과 친구처럼 놀게 해준 다음 그 옆 작은 방에 들어가 상담
가와 둘이 깊은 얘기를 나눈다고 해.

원장 할아버지가 네게 여러 동물을 보여주고 만져보게 해주
니까 좋지? 너는 마음에 깊은 상처가 없으니 마음이 아픈 친구들
을 이해하기 어려울지 모르겠다. 그러니까 엄마가 되도록 몸이
아픈 사람들, 마음이 아픈 사람들을 많이 만나게 해줘야 겠다는
생각이 들어. 그래야 감사하는 마음을 배우지. 감사할 수 있는
사람이 아픈 사람들을 돌봐야 하는 게 당연한 일이라는 것도 배
우고.

원장 할아버지가 웃으시며 너를 이 고아원에 보내라고 하시

아들, 예루살렘에 가자

네. 너는 엄마가 있지만 이런 곳에서 아픔이 있는 아이들과 함께
지내보는 것도 너에게 좋을 거라는 말이겠지.

033

이스라엘에 왜 가?

하나님의 집으로 올라가다

—알리야

고아원을 나와 숙소로 돌아가기 위해 버스 정류장으로 향했어. 한참이나 기다려도 버스가 오지 않아서 걱정하고 있는데 한 유대인 아줌마가 말을 걸어왔어. 그 유대인이 우리의 한국말을 알아 들은게 아니라 네가 버스가 올 때마다 영어로 버스 번호를 외치니까 눈치를 챘거지.

그 유대인 아줌마는 미국에서 왔는데 우리에게 걱정하지 말고 기다리라고 안심시켜줬어. 엄마가 아줌마에게 '알리야'냐고 물었어. 아줌마가 그렇다고 미소로 대답했어. 엄마가 좀 어리석은 질문을 해봤어. 미국에서 편하게 살다가 이곳에서 불편하지는 않냐고. 아줌마는 미국이 아무리 넓고 편해도 조상의 땅에서 사는 게 가장 행복한 거라고 했어. 테러에 대한 공포도 이스라엘만의 문제가 아니라 전 세계적으로 안전한 곳이 없다는 거고. 많은 알리야들끼리 서로 가족처럼 잘 돌봐주면서 행복하게 살고 있다고 해.

고개가 끄덕여졌어. 그렇구나, 알리야들이 행복하게 살고 있

아들, 예루살렘에 가자

구나. '알리야'가 무슨 얘기인지 궁금할테니 설명해줄게.

기원후 70년에 이스라엘이 로마에 의해 이스라엘에서 쫓겨나 다른 나라로 흩어졌어. 모든 나라가 이 유대인이라는 특이한 민족을 싫어했어. 유대인이 남의 나라에 살면서 도둑질하거나 남을 해치거나 문제를 일으키지 않는데도 그들을 미워했지.

오히려 예수를 죽인 유대인이라고 살인자 취급하며 저주했어. 그 죗값을 하나님의 이름으로 심판한다면서 유대인들을 얼마나 죽였는지 몰라.

하나님이 유대인들을 다시 아브라함에게 약속한 땅으로 돌려보내시기 위해 1896년부터 본격적으로 일하시기 시작했어. 유대인 신문기자 테오도르 헤르츨이 『유대 국가』라는 책을 비밀스럽게 출판해서 세계에 흩어진 유대인들이 비밀리에 읽을 수 있게 퍼트렸어.

이 신문기자가 『유대 국가』라는 책을 쓰도록 자극했던 사건이 프랑스에서 있었어. 프랑스에서 높은 지위에 있던 유대인 장교 알프레드 드레퓌스가 스파이 혐의로 억울하게 재판 당한 사건이었어. 사건의 진실보다 유대인에 대한 미움 때문에 드레퓌스에게 사형 판결이 났어.

세계에 흩어진 유대인들이 똑같이 억울하게 당하면서 살기 때문에 이 신문기자가 주장한 이스라엘 땅으로 돌아가자는 의견에 뜨겁게 공감하기 시작했어.

1903년, 당시 이스라엘을 점령하고 있던 영국이 이스라엘에

이스라엘에 왜 가?

게 살 수 있는 땅을 주겠다고 했어. 영국이 이스라엘에게 아르헨티나와 우간다에 좋은 땅이 있으니 두 곳 중에서 선택하라고 했어. 이스라엘은 햇볕 좋고 비옥한 아르헨티나도 우간다도 거절하고 1900년 전의 이스라엘 땅을 달라고 했어. 사막과 황무지뿐인 그 죽은 땅으로 가겠다고 한거야.

에스겔 36장에 이스라엘 나라가 회복될 것이 예언되어 있어.

〈내가 너희를 이방 가운데서 빼내어 모든 나라에서 너희를 모아 너희의 본토로 데려오리라.〉

이스라엘이 회복되기 전에 이방인은 이 예언을 이해하지 못했어. 아무도 이스라엘이 회복될거라고 짐작하지 못했거든. 오직 이스라엘 사람들만 믿었어. 2000년 동안.

1917년 영국 수상이 이스라엘 옛 땅을 주겠다고 약속하는 일이 생겼어. 제1차 세계대전에서 부자 유대인들이 영국을 많이 도와주었고, 강력한 폭탄을 만들어줘서 독일과의 전쟁을 이기게 해줬거든. 그런데 이스라엘 주변 아랍국이 영국에게 이스라엘을 도와주면 석유를 안 팔겠다고 협박해서 다시 독립이 늦어지게 된거야.

그러다가 제2차 세계대전이 일어나. 1939년에 이스라엘 역사에서 가장 처참한 비극이 벌어졌어. 나치라고 하는 독일군이 유대인 600만 명을 죽였어. 1945년 2차 대전이 끝나자 유대인들

아들, 예루살렘에 가자

은 전 세계에 도와달라고 호소했어.

그리고 드디어 1948년 이스라엘 나라로서 회복되었어.

본격적으로 이스라엘 사람들이 하나님이 약속하신 땅으로 돌아오기 시작했어. 독립할 때 65만 명 정도의 유대인들이 살고 있었는데 매년 이스라엘로 돌아오는 사람들이 놀라운 숫자로 늘어나고 있단다. 현재 약 600만 명의 유대인이 살고 있어.

지금 현재도 진행되는 이 기적의 귀환을 유대인들은 '알리야'라고 불러. '알리야'는 '올라간다'라는 뜻인데 '하나님의 집이 있는 예루살렘으로 올라가다'라는 뜻이야.

이스라엘 땅 문서는
성경

이스라엘로 돌아오는 알리야들을 제일 미워하는 사람들은 당연히 그 땅에서 살고 있었던 팔레스타인 사람들이었어. 2000년 만에 팔레스타인 땅으로 돌아온 이스라엘 사람들에게 자기 땅에서 나가라고 밀어내었어. 팔레스타인 땅이 이스라엘 땅이라는 증거를 대라고 하면 한 가지뿐이야.

바로 성경. 성경이 이스라엘 땅문서인거야. 세계가 이스라엘을 침략자로 비난해도 이스라엘은 성경에서 하나님이 주신 땅을 목숨 걸고 지키겠다는거야.

민수기 34장 1절에서 12절까지는 아주 자세하게 이스라엘 땅의 경계선이 묘사되어 있어. 지금 이스라엘 땅 지중해쪽 경계, 시리아쪽 경계, 북 홀몬산 경계, 사해쪽 경계, 이집트쪽 경계를 하나님이 정확한 지명으로 알려주셔.

하나님이 땅 문서를 준 나라, 이스라엘뿐이란다. 우리가 읽고 있는 성경이 이스라엘 땅문서이기도 한 거야. 성경의 일점일획도 틀림이 없다고 써 있고, 우리가 그것을 믿는다면 이스라엘은 하나님이 이스라엘에게 주신 땅이라는 것도 믿어야 하는 거지. 그리고 이스라엘을 팔레스타인 땅 빼앗은 도둑이라고 많은 사람들이 비난해도 성경을 믿는 사람들은 이스라엘 편에서 있어야 해.

그게 하나님 편이니까. 하나님의 일은 휴머니즘으로 판단해서는 안 돼. 하나님의 일은 무엇으로만 판단한다? 성경 말씀!

이스라엘에 왜 가?

네 안에서 모든 족속이 복을 받을 것이다

—아브라함

이스라엘의 땅 문서인 성경을 보면 이스라엘의 조상이 아브라함에서부터 시작해. 아브라함부터의 역사를 알아야 이스라엘의 정체성을 알게 되는 거지.

그렇다면 한국의 정체성은 어디에서 찾아야 할까? 단군신화가 만들어진 고조선 역사에서 찾아야 한다고 하는 이들이 많겠지만 그 고조선 사람들은 또 어디에서 왔는지 궁금해지지 않니?

이스라엘 역사를 알게 되면 한국이 이스라엘 역사의 줄기에서 나왔다는 충격적인 사실을 알게 돼. 한국뿐 아니라 세계 모든 나라가 이스라엘과 관계된 한 조상에서부터 흩어져서 지금의 다양한 인종과 나라가 되었다는 엄청난 사실을 알게 되는 거야. 그게 사실인지 어떻게 증명할 수 있냐고? 성경을 읽어보렴.

노아 때 홍수가 나서 이 지구상의 모든 사람들이 다 죽어. 노아 가족 여덟 사람만 살아남았어. 그러니까 노아 이후 이 지구상에 살고 있는 사람들은 다 노아의 자손들이야. 결국 전 세계인이 한 뿌리의 할아버지를 가지고 있는데 수백 개의 나라로 갈리

아들, 예루살렘에 가자

고, 자기 나라만 우선으로 하는 국가주의를 만들고, 서로 땅따먹기 싸움을 하면서 살고 있는 거야. '나라 사랑'이라고 하는 '국가주의'가 한편으로 성경적이지 않다는 것을 인정할 사람이 얼마나 되겠어.

노아는 국적이 없었는데 노아 이후 바벨탑 사건이 생기잖아. 하나님은 노아의 자손들이 온 세상에 흩어져 번성하기를 바라셨어. 그런데 노아의 아들 함의 손자 니므롯이 하늘에 닿을 탑을 쌓아서 머물려고 했어. 하나님이 어떻게 하셨는지 창세기 11장 9절에 나와 있어.

하나님께서 언어를 혼란케 하셨고, 사람들을 온 땅으로 멀리 흩어 놓으셨지.

그때 한국어도 생겼고, 그때 한국말로 통하던 무리들이 바벨탑에서 지금의 한반도까지 온 거란다. 세종대왕이 한글을 만드셨지만 그 한글의 고어는 하나님이 만드신 거라는 걸 알겠지? 하나님이 세상 모든 언어를 만드셨기 때문에 아프리카 밀림에 살고 있는 사람도 하나님과 언어로 소통하는 데는 아무 문제가 없는 거야.

바벨탑 사건으로 여러 족속이 생겨 흩어졌을 때 하나님이 한 사람을 선택하셔. 바로 아브라함이야. 아브라함은 노아의 아들 셈의 열 번째 후손이야.

하나님이 노아에게 방주를 만들라고 말씀하신 후에 아브라함 때에 와서 다시 직접 말씀을 내리셨어. 첫 번째 말씀이 "지금

이스라엘에 왜 가?

살고 있는 곳을 떠나라", 두 번째 말씀이 "너에게 복을 주고 큰 민족을 이룰 것이다." 세 번째 "너를 축복하는 자들에게 복을 주고 너를 저주하는 자를 저주하리라. 네 안에서 땅의 모든 족속이 복을 받을 것이다"라고 말씀하셨어.

세 번째 말씀을 꼭 기억해두렴. 성경에서 하나님이 여러 번 말씀하시거든. 우리 이방인에게 아주 중요한 말씀이야. 왜냐하면 땅의 모든 족속 안에 우리 이방인이 들어가는데 아브라함 안에서 복을 받을 수 있다고 알려주는 거야. 아브라함은 이스라엘의 조상이니 우리가 이스라엘 안에서 복을 받을 수 있다는 뜻이기도 해.

어떻게 이스라엘과 상관없는 나라의 사람이 이스라엘 안에 들어가 복을 받을 수 있을까? 예수님이 이스라엘 사람으로 이 세상에서 사셨고 예수님이 돌아가신 후에는 예수님을 믿는 모든 사람들이 이스라엘 백성이 될 수 있게 하신거야. 이스라엘 여권을 가질 수는 없지만 하나님의 백성으로 인정하신다는 거야.

아브라함은 예수님이 태어나시기 4000년 전에 살았어. 하나님이 갈대아 우르, 지금의 이라크에 살던 아브라함에게 그 땅을 떠나라고 하셨어. 이 우르는 바벨탑 사건이 일어난 곳에서 가까운 곳이야. 바벨탑은 하나님처럼 높아지려 했던 죄를 지은 사건이었고 그 벌로 하나님이 언어를 갈라놓으셨어.

그러니까 바벨탑 사건 이전에는 언어가 단 하나밖에 없었다는 건데 어떤 언어를 썼는지는 아무도 몰라. 다만 히브리어일 거

아들, 예루살렘에 가자

라고 추측하는 의견들만 있을 뿐이야. 언어가 갈라지자 탑 쌓는 일에 혼돈이 생겨 사람들이 흩어지기 시작했어.

그렇게 바벨탑에서 흩어진 사람들이 하나님을 점점 잊어버리면서 하나님 아닌 신들을 믿고 숭배하기 시작했어. 아브라함의 아버지 데라도 가짜 신을 숭배하던 사람이었어. 아브라함도 아버지의 영향을 받아 우상숭배하는 분위기에서 자랐겠지. 그런 아브라함을 하나님이 불러서 우르를 떠나라고 하신거야. 우상숭배하는 죄의 땅을 떠나라고 하신거지. 이라크에 있던 아브라함이 향한 곳은 하란, 지금의 터키야.

하나님이 아브라함에게 가라고 하신 땅은 가나안 땅이었기 때문에 아브라함은 하란에서 지금의 이스라엘로 왔어. 가나안은 노아의 손자이고 함의 아들이야. 함은 노아가 포도주 마시고 벌거벗고 자고 있는 걸 놀렸던 아들이잖아. 노아가 아들 함이 아니라 손자인 가나안을 저주했어. 그 형제들의 종이 될 거라구.

노아의 저주대로 셈의 후손이었던 아브라함이 결국 함의 아들 가나안의 땅으로 들어와서 가나안을 몰아내고 가나안 땅의 주인이 되는 역사가 시작된거야.

아브라함은 가나안 땅 세켐에서 베델로 갔다가 비가 안 와서 남쪽 이집트로 내려갔어. 이집트에서 나와서 다시 베델로 올라갔어. 그곳에서 조카 롯과 땅을 나누었고, 롯이 소돔 쪽으로 가고 아브라함은 헤브론에 있었어. 지금도 헤브론에 아브라함의 무덤과 아내 사라의 무덤이 있어.

이스라엘에 왜 가?

이스라엘이
세계 지도의 중앙

하나님이 왜 아브라함에게 이스라엘로 가라고 하셨을까? 이스라엘은 세계 지도에서 보면 아시아, 아프리카 그리고 유럽의 한가운데에 놓여 있어. 이스라엘을 하나님의 눈동자라고 하는 것은 비유가 아니라 세계 지도로도 설명이 되는 거 알겠지?

하나님은 이스라엘 땅에 이스라엘 백성을 만들어서 이스라엘을 통해서 세상 모든 족속에게 하나님을 알게 하실 인류사의 계획을 아브라함에서부터 시작하신거야.

아브라함도 사는 동안에는 하나님이 왜 자신을 복의 근원이라고 말씀하셨는지 제대로 깨닫지 못했을거야. 아브라함의 이 세상에서의 인생은 고난의 연속이었으니까.

아들, 예루살렘에 가자

고난 받음이 사랑이어라

—아브라함

아브라함이 이라크 땅에서 잘 먹고 잘 살고 있었는데 하나님이 갑자기 떠나라고 해서 다 버리고 막막하게 떠났어. 가나안 오기까지 길에서 천막치며 살던 여정이 얼마나 힘들었겠어. 구십이 될 때까지 자식도 없어 마음 고생까지 했고.

게다가 자기 부인이 아닌 아내의 여종 사이에서 자식을 낳게 돼. 아내인 사라와 이집트 여종 하갈 사이의 갈등을 중재하느라 또 힘들었어. 백 살 때, 드디어 사라로부터 아들이 태어나 행복이 시작되는가 싶었는데 먼저 태어난 여종의 아들 이스마엘을 집에서 쫓아내야 했어. 쫓겨난 이스마엘이 그 어미와 함께 사막에서 헤매다 죽을 수 있는 걸 알기에 얼마나 마음이 아팠을까. 그런데 하나님은 그렇게 하라고 하셨어.

성경의 하나님은 사랑의 하나님으로 인정할 수 없는 가혹한 명령을 하실 때가 많아. 그 가혹함의 정점은 아브라함에게 하나밖에 남지 않은 아들 이삭을 하나님께 태워 바치라는 명령이었어.

아브라함은 하나님의 명령을 들은 바로 다음 날 아침, 이삭을 제물로 바치기 위해 떠나. 그 하룻밤에 얼마나 아브라함이 괴로워하며 번뇌했을지 성경에 나오지 않았어도 짐작이 되지?

하나님이 선택하시면 하나님의 사람으로 믿음의 질이 높아질 수 있도록 이 땅에서의 조건을 가지고 시험하시고 단련하시는 거야.

〈도가니는 은을, 용광로는 금을 연단하거니와 주께서는 사람의 마음을 연단하시느니라〉(잠언 17:3).

아들, 예루살렘에 가자

밥보다 복이 중요해

― 야곱

생명이든 나라이든, 태어날 때는 큰 고통을 먼저 치러야하는 것 같아. 하나님이 택하신 이스라엘을 통해 대표적으로 알 수 있단다.

아브라함이 이삭을 낳고, 이삭이 야곱을 낳았지? 야곱한테는 형 에서가 있었는데 배고플 때 죽 한그릇 얻어 먹으려 장자권을 동생 야곱에게 팔아. 또 야곱은 엄마 리브가하고 같이 속임수를 써서 이삭으로부터 축복을 얻어내. 밥보다 복이 중요하다는 것을 알고 있었어.

지금 세상은 밥하고 복을 같은 거라고 생각해. 그래서 하나님 믿는 사람들도 밥과 복을 둘 다 달라고 기도해. 밥은 사람 몸의 위장을 채우면서 얻어지는 순간의 만족이고, 복은 내 코에 생기로 생명을 넣어주신 하나님을 내 영 안에 채우는 거야.

복 받은 야곱은 이 땅에서 사람이 좋아하는 종류의 복을 누리지 못했어. 형의 복을 빼앗아 형으로부터 죽임을 당할까봐 도망가. 삼촌네 집으로 도망갔는데 삼촌의 두 딸 중 작은 딸 라헬을 좋아하게 돼. 라헬과 결혼하는 조건으로 7년 동안 일했는데 삼촌이 야곱을 속이고 라헬의 언니 레아하고 결혼시켜.

화가 나서 야곱이 따졌지만 형 에서를 속인 죄가 있던 야곱이 죗값을 치르듯 당하는 수밖에 없었어. 야곱은 라헬을 정말 사랑해서 다시 7년을 하인처럼 일해. 그리고 마침내 라헬과 결혼해. 한 여자하고 결혼하려고 14년을 하인처럼 일할 남자가 지금도 있을까?

어린이 동화는 '결혼하고 둘이 행복하게 살았습니다'로 끝나지만 어떤 결혼도 행복하게 살았습니다로 끝날 수 없는 게 현실이야.

야곱은 자기 자식이 늘어나 삼촌과 그의 아들들의 미움을 받으면서 긴장하며 살아야했고, 레아와 라헬의 질투 사이에 끼어 힘들었어. 야곱은 라헬을 더 사랑했는데 레아한테서 아이들이 더 많이 태어났어.

야곱에게는 열두 명의 아이들이 있었는데, 그중 두 명만 라헬에게서 태어났어. 요셉과 벤자민. 야곱이 요셉을 제일 좋아하니까 레아의 아들들이 요셉을 질투해서 이집트 노예로 팔아버려. 성경은 요셉 얘기를 아주 중요하게 다루지만 하나님은 레아의 아들 중에서 유다를 특별하게 선택하셔서 예수님의 족보에 넣으셨어.

야곱이 모든 가족을 데리고 지금의 이스라엘로 옮겨올 때 하나님이 야곱의 이름을 이스라엘이라고 바꿔주셔. 이스라엘 이름

아들, 예루살렘에 가자

을 받기 바로 전에 야곱은 하나님의 천사와 씨름을 했어. 어떻게
씨름을 했을지 모르지만 야곱이 넓적다리를 다쳐 쩔룩거렸대.
마지막 순간까지 고통스러운 과정을 보내고나서야 이스라엘이
라는 이름과 민족이 태어나게 된거야.

이스라엘에 왜 가?

400년 뒤의 나라를 생각하다

― 요셉

야곱의 고난은 이스라엘 땅에서 살면서도 계속 이어져. 야곱이 사랑하는 요셉을 야곱의 다른 아들들이 질투해서 이집트에 종으로 팔고, 요셉의 형들은 야곱에게 요셉이 짐승에게 잡혀 죽었다고 거짓말했어. 야곱은 요셉이 죽은 줄 알고 그리워하며 울고 또 울면서 지내.

이집트 노예 상인에게 팔려간 요셉은 노예로 살다가 억울하게 감옥을 가게 돼. 그런데 이집트 왕이 이상한 꿈을 꾸었을 때 그 꿈을 해석해주고 왕 다음으로 높은 자리에 앉게 돼. 하나님이 도와주시면 꿈 한 번 해석해주고도 죄인에서 국무총리가 될 수 있다니까.

요셉이 이집트 총 책임자일 때 가뭄이 있었고 이집트 주변 국가에서 먹을 걸 구하러 왔어. 이집트만 요셉의 지혜로 쌓아놓은 곡식이 있었어. 이스라엘 야곱의 가족도 이집트로 곡식을 사러 왔어. 그래서 요셉이 자기를 팔았던 형들을 만나잖아. 요셉이 하나님의 사람이 아니면 자기를 판 형들을 복수하고 싶었을거야.

요셉은 힘든 노예생활, 감옥생활이 하나님의 연단이었다는
걸 알았어. 그래서 국무총리가 된 것이 이스라엘 가족을 굶주림
에서 살리기 위한 하나님의 뜻이었음을 알았어. 형들을 용서하
고 아버지 야곱을 다시 만나고 이스라엘 가족 70명을 이집트에
살도록 해줬어.

요셉은 하나님의 계획을 아는 사람이었기 때문에 이스라엘
을 이집트 사람들과 멀리 떨어진 이집트 북부 고센이라는 지역에
살게 했어. 이스라엘이 이집트의 간섭없이 자식을 번성하고 자
유롭게 살도록 앞을 내다본 결정이었어.

이 고센 땅이 언젠가 이스라엘 백성이 이스라엘 땅으로 되돌
아갈 수 있는 최적의 위치라는 것도 생각했어. 이스라엘 백성이
고센 땅에 모여 살지 않았다면 400년 동안 이집트에서 노예로 살
다가 이집트를 나오는 출애굽기가 이루어지는 것도 불가능했다
는 얘기야.

이스라엘에 왜 가?

세상에서 가장 겸손한 사람
— 모세

이집트로 요셉이 이스라엘 백성을 데리고 왔고, 400년 후에 이집트에서 이스라엘로 누가 다시 데려갔는지는 주일학교 유치부도 알아.

모세가 태어났을 때 이집트 왕이 이스라엘에서 태어나는 모든 남자 아이를 죽이라고 명령해. 무섭게 인구가 늘어나는 이스라엘이 이집트보다 힘이 세질까봐 겁이 나서였어. 예수님이 탄생했을 때 헤롯이 베들레헴 아이들을 죽이라고 했던 것과 비슷하지?

하나님이 구약과 신약에서 대표적으로 크게 쓰실 사람들은 하나님의 계획을 방해하는 영이 그 사람들이 태어날 때부터 씨를 없애려고 죽음의 칼을 휘두르나봐.

아기 모세는 바구니에 담겨져 이집트 나일 강을 떠내려가 이집트 공주에게 건져지잖아. 아무래도 모세의 누나 미리암이 일부러 바구니를 이집트 공주가 목욕하는 장소로 보낸 것 같아. 그러니까 공주가 바구니를 건지자마자 기다렸다는듯 공주에게 뛰어와 젖먹일 여자를 찾아오겠다고 하잖아.

예수님도 헤롯 왕의 칼날을 피하기 위해 이집트로 도망갔어. 이집트와 이스라엘은 이웃 나라 말고도 어떤 영적인 의미가 있는 것 같아.

모세는 이집트 왕자로 자랐으니 교만했을 것도 같고, 노예 계급인 이스라엘 피를 가지고 있다는 것을 자기의 흠으로 생각했을 것도 같아. 이집트 왕궁에서 이스라엘 피를 가진 왕자로 따돌림 당했을지도 모르고.

이집트 왕자였지만 베이비시터였던 친모의 영향으로 이스라엘 사람이라는 정체성은 분명히 가지고 있었던거 같아. 어느 날 이집트 노예 감독이 이스라엘 사람을 심하게 학대하는 것을 보고 그 노예 감독을 죽여. 아무리 이스라엘 사람을 보호하고 싶은 마음이었어도 사람을 죽인 건 분명 큰 죄지. 그만큼 모세의 성격이 불같이 성급하고 난폭한 면이 있었다는 거야.

모세는 왕궁에서 도망나와 미디안으로 가게 돼. 지금의 사우디아라비아야. 왕자였던 모세가 사우디아라비아에서 양치는 목자 신세로 떨어져. 양치는 목자? 예수님의 별명 중 하나잖아? 왕자에서 양치기가 된 것도 모세와 예수님이 같네. 예수님도 하늘의 왕이신 하나님의 아들인 왕자였잖아.

모세는 40년 동안 힘든 양치기 일을 해. 그러면서 왕자였다는 과거의 영광을 뒤돌아보지 않는 겸손한 자리로 낮아져. 그렇게 낮아졌을 때 비로소 하나님이 쓰시기 시작했어. 예수님도 하나님의 아들로서 일하시기까지 30년 동안 천하고 가난한 목수의 아들로서만 사셨거든.

모세는 이집트에서 이스라엘 백성을 데리고 나온 후 광야에서 40년 동안 훈련받아. 고센 땅에서 이스라엘까지 7일이면 가는 거리였는데 40년을 헤맸어. 사막에서 40년을 살았다고 생각해봐. 그것도 200만 명의 사람들이 힘들 때마다 모세에게 따지고 덤벼드는 상황에서 말이야. 그 후 모세의 성품이 어떻게 변화했을까? 세상에서 가장 겸손한 사람이 되었다고 성경에 써 있어.

아들, 예루살렘에 가자

이스라엘 12지파의 땅이 되다

ㅡ 가나안

모세는 야곱의 아들 중 레위의 자손이고, 모세 다음으로 이스라엘 지도자가 되는 여호수아는 에브라임 자손인데 에브라임이 요셉의 아들이야.

모세가 40년 동안 사막에서 고생했는데 정작 가나안 땅으로 들어갈 때 지도자는 모세가 아닌 여호수아였어. 물이 없다고 이스라엘 백성이 불평할 때 하나님이 돌에게 명령해서 물이 나오게 하라고 하셨거든. 그런데 모세가 얼마나 백성의 불만에 지쳤는지 신경질을 부리며 돌을 지팡이로 쳤어. 하나님의 명령대로 하지 않았기 때문에 하나님은 모세를 높은 언덕에 올라가게 해서 가나안 땅을 보게 해. 그리고 모세에게 눈에 보이는 가나안 땅에 들어가지 못한다고 했어.

하나님이 너무 심하셨지? 모세가 얼마나 고생했는데 겨우 명령 한 번 거역했다고 그런 큰 벌을 주시다니. 왜 그런 것 같니? 하나님이 선택하신 지도자는 그만큼 하나님이 철저하게 순종을 원하신다는 거야. 모세가 왕자였을 때 사람을 죽인 것은 용서하셨지만 모세가 하나님이 세운 지도자일 때는 바위를 지팡이로 내려치는 작은 것도 하나님의 뜻을 거스리면 화를 내신다는 거야. 그러니까 우리가 하나님의 사람으로 점점 더 변해가면 그만큼 하나님이 우리에게 요구하시는 순종의 기준치가 점점 올라가는거란다.

모세가 죽고 이스라엘 지도자는 여호수아가 되었어. 하나님은 여호수아에게 가나안 땅을 정복하고 모든 생명체를 죽이라고 명령하셔. 여호수아는 7년간의 전쟁을 통해 가나안을 점령해. 성경을 처음 읽는 사람들은 이스라엘이 가나안의 족속을 무참히 죽이고 땅을 빼앗은 것이 어떻게 선하신 하나님의 뜻일 수 있냐고 의심하게 돼.

한 가지 중요한 것을 알아두렴. 가나안 땅은 하나님이 가장 미워하는 우상숭배를 하던 곳이었어. 바알 신앙이라고 불러. 모세가 십계명을 받으러 시내산에 올라갔을 때 산 아래에 있던 이스라엘 백성이 황금소를 만들었던거 기억하지? 그 소도 바알 신앙의 상징이야.

가나안은 농경사회라서 농업에 관련된 신을 제일 숭배했어. 땅을 지배하는 신을 바알이라고 불렀던거야. 바다의 신을 '얌', 지하 세계의 신은 '모트'라고 불렀어.

이 세 신이 그리스 신화에서 제우스, 포세이돈, 하데스가 되는 거야.

바알 우상 숭배 제사의식은 성적으로 음란했어. 열왕기상에

아들, 예루살렘에 가자

나오는 선지자 엘리야하고 바알 선지자들이 대결하는 장면에서 바알 선지자들이 몸에 자학하는 장면이 나오잖아. 그렇게 비정상적으로 몸을 자해하는 게 바알 종교였어. 하나님이 싫어하는 요술과 무당 굿을 통해 사람들의 마음을 거짓되게 홀렸고, 사람을 죽여 제사를 지내는 끔찍한 짓도 했어.

그렇게 더럽고 악한 종교를 가나안이 가지고 있기에 하나님이 멸망의 심판을 하신 것이고, 그 심판을 이스라엘을 통해 하신 거라고 생각할 수 있어.

가나안이 정복되고 나서 이스라엘 12지파가 가나안 땅을 분배 받게 되는 내용이 성경 『여호수아』에 기록되어 있는 거야.

하나님이 사랑하신
다윗

여호수아가 죽은 후에 이스라엘이 하나님으로부터 멀어져. 여호수아가 40년 동안 지도자였고, 그 다음 이어지는 재판관 시기가 450년 동안이야. 이집트에서 노예생활을 430년 동안 했는데 다시 지도자 없이 주변 나라의 괴롭힘을 당하는 재판관 시기를 450년 동안 보낸거야. 하나님께서 훈련하시고자 하면 사람은 평균 40년, 민족은 400년 단위로 잡으시는 것 같아.

이스라엘 백성이 나라의 왕을 원하면서 재판관 시대가 끝나. 이스라엘의 하나님이 이미 왕이신데 또 다른 왕을 달라고해서 마지막 재판관이었던 사무엘의 마음이 몹시 괴로웠어.

결국 이스라엘 사람들이 원하는 왕이 세워지지만 하나님은 사람의 왕은 백성들을 노예처럼 부리고 재산을 빼앗고 전쟁으로 목숨을 빼앗을 거라고 분명히 경고해주셨어. 그때부터 지금까지 한 나라에 왕이나 대통령이 세워지면 백성들은 빼앗기고 죽는 시대를 살고 있는 거야.

이스라엘의 첫 번째 왕은 사울이었어. 백성들이 사울보다 블

아들, 예루살렘에 가자

레셋 골리앗을 죽인 다윗을 더 좋아하니까 질투해서 다윗을 죽이려했어. 다윗이 도망다니며 동굴에서 숨어 살았어. 산짐승처럼 살면서 소년 다윗은 전투사로 변해. 하나님이 다윗을 전투사로 훈련시키고나서 왕으로 세우셔. 몇 년 동안 왕으로 있었을거 같아? 성경에서 40년이 잘 나오니까 잘 모를 땐 40년이라고 대답하면 맞을 확률이 높아. 성경을 쓰는 저자가 있어서 등장 인물들을 40년 단위로 교체하는거 아니면 이런 스토리들이 역사적 사실로 나올 수가 없거든.

다윗은 하나님의 성전을 정말 짓고 싶었어. 그런데 하나님은 다윗이 아니라 그의 아들 솔로몬이 성전을 짓게 될 거라고 하셨어. 모세가 죽기 전에 하나님의 명령대로 안 했듯이, 다윗도 말년에 잘못을 저질러. 다른 남자의 아내를 빼앗아 자기 아내로 삼았고, 그 빼앗은 아내의 남편을 죽였어. 그리고 하나님이 이스라엘 땅의 인구조사를 하지 말라고 하셨는데 자기 왕권을 과시하는 마음으로 인구조사를 했어.

지금 현재 이스라엘에서 정확한 인구가 통계로 나오지 않아. 대략 600만 명으로 얘기하지만 다윗이 인구 조사한 실수를 다시 저지르지 않으려고 지금도 하지 않는다는 거야.

차고 넘칠 때가 무너질 때

― 솔로몬

한국 역사에서 가장 부유하게 살던 시기가 언제인지 아니? 한국 역사를 모르니 당연히 모를거야. 외국에 사는 한국 아이들에게 제일 필요한 공부는 한국어이고 그 다음으로 한국 역사일 것 같아. 그런데 한국 역사를 공부할 기회가 없어. 부모가 가르쳐주면 좋은데 부모들도 한국 역사를 잘 몰라.

한국 역사에서 가장 부유하게 살던 시기가 언제일까? 엄마는 바로 지금이라고 생각해. 한국이 이렇게 잘 먹고 잘 살던 때가 없었어. 한국이 세계적으로 이렇게 이름을 떨치고 있던 때가 없었고. 이런 시대에 우리가 살고 있다는 것을 정말 자랑스럽게 여겨야 해.

외국 사람들이 한국이 어디에 있는지도 몰랐는데 이제 한국에 대해 코리안드림까지 갖고 있으니까. 엄마가 아는 이탈리아 아가씨는 손목에 한국어로 '사랑해'라고 문신을 새겨놨더라고. 한 한국 가수 사진을 보여주며 자기 남편이라고 소개하지 뭐야.

이스라엘 역사에서 제일 영화로웠던 시대는 솔로몬 왕 때였

아들, 예루살렘에 가자

어. 나라에 먹을 것과 금은보화가 넘치던 때였고. 그래서 이때 하나님의 첫 번째 성전이 만들어져. 그런데 솔로몬도 다윗처럼 풍요를 누릴 때 죄를 지어.

왜 사람은 하나님이 넘치게 세상 것들을 채워주면 하나님을 떠나는 것일까? 더 감사해야 할 때 하나님을 배신해. 세상적으로 부유해지면 하나님이 필요하지 않다고 여기게 되니까.

솔로몬은 세상에 부러울 게 없이 화려하게 살면서 하나님을 찾지 않기 시작했어. 왕의 권력을 과시하려고 아내를 700명, 첩을 300명이나 만들었어.

남자들은 돈과 권력이 생기면 돈으로 여자를 만들고, 권력을 과시할 방법을 찾는 것 같아.

여자들은 이브의 속성이 있어서 남자들이 먹지 말아야 할 선악과를 먹게 한다니까. 1,000명이나 되는 솔로몬의 여자들은 솔로몬이 하나님에게서 떠나 거짓 신들을 섬기게 했어. 하나님이 제일 용서 못하시는 죄목이 우상 숭배야. 솔로몬의 우상숭배 죄의 결과로 이스라엘이 둘로 갈라지게 돼.

한국이 지금 가장 화려한 시대를 살고 있지만 이 시대 다음은 한국이 어떻게 될지 불안해. 한국이 한때 많은 이들이 온 마음으로 하나님께 매달리며 섬기던 때가 있었거든. 그래서 한국에 수많은 교회들이 생기게 된거구. 하나님 나라를 위해 죽기를 각오하고 한국을 떠나 세계로 흩어진 선교사들이 정말 많았지.

그런데 부족한게 없어지니까 솔로몬이 성전 만들어 놓고 형

이스라엘에 왜 가?

식적으로 예배했듯이 한국 사람들도 교회를 형식적으로 다니는 이들이 많아졌어. 솔로몬이 거짓 신을 우상 숭배하기 시작했듯 한국은 '돈'이라는 우상 숭배에 빠져 있어. 게다가 이슬람교가 한국에서 급성장하고 있다는 거야.

하나님이 요나를 통해 심판을 코앞에 둔 느니웨에 회개하고 용서받을 수 있는 기회를 주었듯이 하나님은 한국이 회개하고 용서받을 수 있는 기회를 주고 계시는 중이 아닐까? 한국을 각성시킬 요나는 예수님뿐이거든.

아들, 예루살렘에 가자

하나님의 아들이
이스라엘 사람

한국이 남북으로 갈라져 있어서 이스라엘이 남북으로 갈라졌다는게 잘 이해될거야. 북 이스라엘과 남 유다라고 부르지. 북 이스라엘은 앗시리아에 의해 망하고 남 유다는 바벨론에 의해 망해. 그때 바벨론에 유다 백성이 포로로 잡혀 가는데 70년 후 바벨론이 페르시아에게 망했을 때 다시 예루살렘으로 돌아올 수 있었어. 그런데 앗시리아에 끌려갔던 북 이스라엘 사람이 이스라엘 땅으로 돌아왔다는 기록은 없어.

페르시아 다음으로 이스라엘을 점령했던 나라가 그리스였어. 알렉산더 대왕 유명하잖아. 알렉산더 대왕이 죽은 후에는 시리아가 이스라엘을 점령했고 그 다음이 로마 제국이야. 이 로마 제국 때 하나님의 아들이 이스라엘 땅으로 직접 내려오셨어. 예수라는 이름의 육신을 가지고서.

정말 중요한 거니까 다시 말할게. 하나님의 아들이 이스라엘 땅으로 내려오셨어. 이스라엘 국적으로. 예수님이 이스라엘 사람이라구!

이 사실만 인정해도 이스라엘을 미워하는 사람들의 마음이 바뀔 것 같아. 한국 가수만 사랑해도 한국어로 문신을 하고 다니는데 예수님이 이스라엘 사람이라면 이스라엘을 마음에 새기고 사랑할 수 있지 않겠어?

아들, 예루살렘에 가자

내 땅에 사는 게
기적이다

'돌 하나도 돌 위에 남지 않고 다 무너지리라'는 예수의 예언대로 이스라엘은 돌 하나도 돌 위에 남지 않고 다 무너져. 기원후 70년 로마제국에 의해.

그때부터 이스라엘은 남의 땅에서 핍박 받으며 1900년을 살아. 어느 땅에 살건 안 좋은 일이 터지면 무조건 유대인이 누명쓰고 처형당했어.

1900년 동안 이스라엘 백성은 언젠가 이스라엘 땅으로 되돌아갈 수 있다는 희망을 버리지 않았어. 기적을 꿈꾸는 희망이었는데 그 기적이 일어나잖아. 내 나라 땅에서 사는 게 기적이야.

1800년대부터 세계에 흩어졌던 일부 유대인들이 이스라엘 땅으로 돌아갔어. 당시는 오스만 터키가 이스라엘 땅을 지배하고 있었을 때니까 이스라엘 땅에서만 살았을 뿐 역시 박해 받으면서 살았어. 그러다가 1896년 유대인 신문기자가 『유대 국가』라는 책을 쓰면서 세계에 흩어져 살던 유대인에게 이스라엘 땅으로 돌아가자고 호소하기 시작했어.

유대계 프랑스 장군이 독일에 군사 기밀을 팔았다는 누명을 쓰고 억울한 형에 처해진 내용이 담긴 책이야. 한 마디로 '이제 더 이상 남의 땅에서 핍박 받으면서 살지 말자, 하나님이 약속하셨던, 옛 조상들이 살았던 이스라엘로 되돌아가자'는 거였어. 이것을 '시오니즘'이라고 하는데 이 시오니즘의 불씨를 꺼버린 사건이 홀로코스트였어.

아들, 예루살렘에 가자

1948년
이스라엘 독립 선언

홀로코스트에서 600만 명의 유대인이 죽고 생존자들이 이스라엘로 돌아오기 시작했어. 주변 아랍국가들이 당연히 싫어했지. 아랍국가들이 당시 이스라엘을 통치하던 영국을 협박했어. 기름 안 팔겠다고.

영국은 하는 수 없이 이스라엘로 되돌아가는 유대인들을 막기 시작했어. 시프러스라는 섬에 홀로코스트 생존자 5,100명을 역류시켰어. 죽음의 홀로코스트를 벗어났던 생존자 중 많은 유대인이 그 섬에서 죽었어. 영국 해군은 이스라엘로 가는 배들을 무력으로 차단했어. 하지만 이스라엘도 저항 그룹의 힘이 세지니까 골치가 아파진 영국이 이스라엘 문제를 UN으로 넘겨버렸어.

UN에서 이스라엘 땅의 주인을 누구로 할 것인가를 투표했어. 유대인이 이스라엘 땅에서 나라를 세우게 해주자는 편에 찬성 33표, 그리고 반대 13표로 드디어 이스라엘이 땅의 주권을 얻게 되었지. 1947년 11월 29일이었어. 성경적인 이스라엘 영토의 56퍼센트를 영토로 인정해준거야. 예루살렘은 UN이 통제하는 것으로 했고.

라디오를 통해 UN 투표 결과가 발표되었을 때, 이스라엘 사람들이 춤추며 기뻐했을 장면들을 상상해봐. 한국이 일제강점기에서 벗어나 해방되었을 때 거리로 쏟아져나와 만세를 불렀던 감격의 모습을 텔레비전에서 보았는데, 그런 감격과 기쁨이 이스라엘 사람들에게도 있었던거야. 한국 사람들은 그래서 이스라엘 사람들의 그때 심정을 잘 이해할 수 있을 거라고 생각해.

그리고 1948년 이스라엘 영토를 지배했던 영국 군대가 철수하고 독립선언문이 발표돼. 이스라엘이 독립국가로 전 세계에 선포되었어.

아들, 예루살렘에 가자

600만 대 13억
―중동 전쟁

2000년 동안 세상 사람들은 하나님이 이스라엘을 버렸다고 생각했어. 이스라엘은 언젠가 조상의 땅으로 갈 수 있다고 믿었지만 하나님을 체험할 사건들은 일어나지 않았었어. 그러다 이스라엘의 중동 전쟁을 통해 하나님의 기적을 체험했어.

1차 2차 3차로 이어진 중동 전쟁에서 이스라엘은 도저히 이길 수 없는 적을 이겼어. 게다가 이스라엘 땅은 전쟁을 통해서 점점 넓어졌어. 그런데 성경에 이스라엘 땅으로 주셨는데도 아직 이스라엘 땅이 아닌 곳이 남아 있어. 그중 눈물의 전쟁 중인 동쪽의 가자 지역은 전 세계가 지켜보는 곳이야. 그리고 웨스트 뱅크 지역의 사마리아 지역, 예수님이 태어나신 베들레헴, 아브라함과 사라의 무덤이 있는 헤브론이 지금 아랍 구역이야.

13억의 아랍국가와 싸워 이기는 600만 명의 이스라엘 이야기는 성경 속의 이야기가 아니라 지금 현재 벌어지고 있는 상황이야. 이스라엘에서 일어나는 기적의 일들로 이스라엘 사람들이 하나님께로 회복되고, 이스라엘을 지켜보는 이방인들이 이스라엘을 통해 살아계신 하나님을 확인하는 기적의 시간을 우리가 누리고 있는 거란다.

아들, 예루살렘에 가자

이스라엘에
평화는 올 것인가?

세계사가 어떻게 흘러갈지 더 이상 역사 전문가에게 물어볼 필요가 없어. 어차피 아무리 똑똑한 사람이 예견해봤자 그냥 추측일 뿐이니까.

이제 성경을 하나님의 세계사 예언서로 바로 볼 때가 된거야. 하나님이 이스라엘에게 평화를 줄 것인가? 성경은 두렵게도 이스라엘이 더 위험한 상황 속으로 내몰릴 거라고 되어 있어. 생명의 위협의 끝점에서 하나님을 울부짖으며 찾게 될 거라고 써 있어.

그 끝 점이 세상에 예수 복음이 다 전해져 다시 시작점인 예루살렘으로 돌아오는 시점이라고 하셨어. 믿는 이방인의 숫자가 채워지고, 믿는 유대인의 숫자가 채워지는 시점이라고 하셨어. 그전까지 순교의 피가 또한 채워져야 한다고 하셨어.

이 광대한 시나리오를 하나님이 아니면 누가 해낼 수 있겠어?

2

베들레헴

하나님의 아들이 태어나신
마굿간에 가다

이스라엘에 도착하고 나흘째 되는 날에서야 비로소 예수님의 삶을 따라가보는 여정을 시작했어. 먼저 예수님이 태어나신 베들레헴으로 가보자. 예수님이 태어나신 곳을 간다는 생각만으로도 마음이 떨려. 그런데 베들레헴이 이스라엘 영토가 아니라 아랍 자치 구역이라서 우리 둘만 가기에 불안했어. 인터넷 검색을 해보니 베들레헴 투어상품이 있더라구.

투어 미팅 포인트에서 여행사 전용버스를 타니 국적이 다른 여러 관광객을 만날 수 있어 좋았어. 이렇게 국적이 다양하게 섞여 있어야 더 안심이 되고 또 여러 나라 사람과 교제할 수 있으니 좋지. 여행하는 사람들만 통하는 교감이 있어 쉽게 친구가 되는 즐거움이 있단다.

버스에서부터 친해진 샌디에이고에서 온 미국인 부부는 2년마다 이스라엘에 오고 있고, 이스라엘 가이드를 해도 될 정도로 정보가 풍성했어. 한번 이스라엘에 오면 이렇게 정기적으로 계속 오고 싶어진다는 걸 엄마도 벌써 느끼고 있단다.

엄마가 미국인 부부에게 이스라엘에 오기 전에 뉴스에서 보도 되는 이스라엘 테러 소식 때문에 불안했었다고 하니, 미국인 부부가 손을 휘저으며 거짓말 뉴스에 속지 말라고 했어. 미국 사람들도 뉴스만 듣고 이스라엘 여행을 위험하게 생각하고 있대.

예루살렘에서 남쪽 외곽으로 10킬로 거리에 베들레헴이 있어. 크리스마스 때는 성지 순례객이 걸어서 예루살렘에서 베들레헴까지 오는 장대한 행렬이 있다고 해. 베들레헴에 도착하는 것은 이스라엘과의 경계를 표시하는 높은 분리 장벽을 보고 알 수 있어.

이스라엘이 2002년에 팔레스타인과의 보안을 위해 8미터 높이의 거대한 장벽을 쌓은 건데 보는 이들의 마음을 참참하게 만들어. 저 높은 장벽이 무너지는 날이 올까? 한국도 남북의 높은 장벽이 있는데 그 장벽도 무너지는 날이 올까? 검문소를 지나갈 때 여권을 꺼내 준비하고 있었는데 아랍 경찰이 눈으로 버스 안을 둘러보는 것으로 통과시켜 주네.

베들레헴은 770미터 산악지역이라 버스가 위로 올라가는데 개발 안된 비포장도로가 많아 분리 장벽 이쪽저쪽 풍경이 너무 다른 것 같아. 산 위에서 만난 베들레헴 현지 가이드가 이스라엘과의 불편한 상황부터 호소하네. 또한 미디어가 모든 중동 주변 국가의 문제를 이스라엘과 팔레스타인 문제로 오보하고 있다고 설명하고 있어. 심지어 이스라엘에서 600킬로나 떨어진 시리아 전쟁 때도 미디어는 이스라엘 팔레스타인 문제로 보도했다고.

아들, 예루살렘에 가자

별 길을 따라
예수 태어난 자리의 별을 보다

Star Street는 동방박사가 별을 따라 찾아온 길이라서 붙여진 이름이야. '예수 탄생 교회'길 입구인 Star Street에서부터 교회까지 걸어가 보자. 동방박사들이 본 별이 어떤 모양의 별이었을지 궁금하지 않니?

최근 학자들의 연구 결과, 예수 탄생 시기에 베들레헴에 3개의 별이 떴는데 태양, 달, 토성이 일렬 배치가 된 모양이었대.

동방의 별 박사들이 새로운 왕의 탄생을 알려주는 별을 보고 베들레헴을 찾아왔잖아. 그런데 동방에서 베들레헴까지 걸어서 몇 개월은 걸릴 먼 길이었으니 그 별이 뜨고 동방박사가 출발했다면은 말이 안되는데.

동방박사들이 본 별은 목성과 토성이 서로 일치하는 모습이었다고해. 목성이 행성 중 가장 커서 고대에서부터 신들의 왕을 상징하고, 토성은 땅의 왕을 상징했어.

중요한 것은 하나님이 태양계 행성들로 예수 탄생을 알려주셨다는 거야. 그 증거가 창세기 1장 14절에 써 있어.

〈하나님께서 말씀하시기를 "낮과 밤을 나누기 위하여 하늘의 창공에 광명들이 있으라. 그것들로 하여금 징조와 계절과 날짜와 연도를 위해 있게 하라."〉

우리가 살고 있는 세상에 낮과 밤이 있고, 하늘에 별들이 있는 것이 다 하나님의 징조라는 거야.

요셉과 마리아가 걸었고, 동방박사가 걸었고, 그 후 수많은 순례객이 걸었던 별 길을 우리도 걷고 있는데 하필 네가 엉덩이를 잡고 급하다고 난리를 치다니. 급하게 기념품 가게의 화장실을 이용하고 미안해서 기념품을 사고 예수의 마굿간으로 허겁지겁 뛰어갔어.

예수 탄생 교회는 들어가는 문이 특이해. 120미터 높이의 낮은 문이라 누구나 고개를 숙여야만 들어갈 수 있게 만들었어. 그래서 겸손의 문이라고 불리는데 인류를 구원한 예수에게 고개만이 아니라 온몸을 엎드려도 마땅하지.

예수님이 태어난 마굿간을 보려면 겸손의 문을 통과한 후 다시 지하 계단으로 내려가야 해. 이곳에 와서야 지금까지 예수 탄생 영화에서 그려지는 마굿간의 풍경이 사실적이지 않았다는 걸 알게 되었어.

베들레헴이 지금처럼 2000년 전에도 산마을이었고 동굴이 아주 많았데. 사람들이 가축을 키우고 살았기 때문에 동굴 위에 집을 짓고 지하 동굴은 가축을 있게 한거야.

아들, 예루살렘에 가자

마리아가 예루살렘을 10킬로 남기고 성경의 예언대로 다윗의 고향인 베들레헴에서 예수를 낳는데 그 장소가 베들레헴의 여관용으로 쓰이는 집 지하 동굴이었다는 거지.

예수님이 태어난 동굴로 내려가려고 하는데 동굴 안에는 이미 그리스 정교회 사람들이 미사를 드리고 있어 한참을 기다려야 했어. 예수의 탄생 기념 교회는 그리스 정교회, 로마 가톨릭 교회, 아르메니안 교회 세 종파가 공동 소유하고 있고 시간을 달리해서 예배를 드린다고 하니 참 묘한 풍경같아.

예수님의 제자부터 시작된 기독교가 여러 다른 종파로 분리되어 서로 섞이지 못하고, 프로테스탄트 개신교가 예수님 태어나시고 1500년 후에 생겼는데 그 개신교도 수없이 다른 종파로

베들레헴

갈라져서 역시 섞이지 못하고 있어.

드디어 동굴로 내려가는 좁은 입구를 지나 예수님이 태어나신 자리를 보니 감격스러워. 예수가 태어난 지점에 14각형의 은색의 별이 장식되어 있어. 예루살렘 예수님 십자가의 길도 14개 처소로 나누어져 있는데 이 14의 의미가 마태복음 1장 17절에 있어.

〈아브라함에서 다윗까지 십사 대요, 다윗으로부터 바빌론으로 잡혀간 때까지 십사 대요, 바빌론으로 잡혀간 때부터 그리스도까지 십사 대라.〉

사람들이 감동과 경건함으로 예수 탄생의 별을 만지고 입을 맞추고 기념 사진을 찍어. 삶의 최고의 기념 사진 중 하나가 될 거야.

14각의 별 가까이에 아기 예수가 태어난 후 옮겨졌던 구유 자리가 있어. 동굴 천정쪽에 천으로 덮여 있는 곳을 들춰보면 2000년 전 당시 동굴을 볼 수 있어. 순례객이 자꾸 이 돌을 긁어가서 덮어 놓았대.

아들, 예루살렘에 가자

한글 성경의 기원은
제롬의 동굴

예수 탄생 동굴 옆에는 또 다른 유명한 동굴이 있어. 이 동굴로 들어가는 입구에 이런 글이 써 있어.

〈관광객으로 이곳에 들어오는 이는 순례자가 되어 나갈 것이고, 순례자로 이곳에 들어오는 이는 더 거룩한 이가 되어 나갈 것이다.〉

이 동굴이 유명한 건 제롬이라는 로마 사람이 이 동굴에서 히브리어 성경을 라틴어로 번역했기 때문이야. 성경을 번역하는 데 얼마나 걸렸을 것 같아? 20년 걸렸어. 동굴에서 20년 동안 성경만을 번역한 제롬을 상상해봐.

제롬은 로마 가톨릭 교회 신학자였는데 기독교인은 아니었어. 그러다가 큰 병에 걸렸는데 하나님이 병을 치료해 주시는 체험을 하게 돼. 그 후 제롬은 로마 기독교 지하 은신처였던 카타콤베를 다니고 광야에서 기도하는 고행의 길을 가기 시작했어. 그러나 여전히 학식적으로 성경을 해석하고 있는 제롬에게 어느 날 예수님이 꿈에 나타나셔서 진정한 크리스천이 아니라고 질책하셨어. 그런 질책을 하시며 예수님이 말씀하셨어.

"너의 보물이 있는 곳에 너의 마음이 있다."

우리가 중요하다고 여기는 곳에 우리 마음이 치우친다는 말씀이야. 우리가 돈을 보물로 생각하면 우리 마음이 돈에 치우치고 우리가 예수를 보물로 생각하면 우리 마음이 예수만 생각하게 된다는 말씀. 매일 스스로에게 어디에 보물을 두고 있는지 물어봐야 할 것 같아.

제롬 때의 로마 교황 다마소 1세가 제롬에게 라틴어 성경 번역 일을 맡겨. 후원해 주던 교황이 죽은 후에는 제롬이 이 베들레헴 동굴 안으로 와서 계속 성경 번역 일을 했어. 386년부터 406년까지 자그마치 20년 동안.

종교화에서 제롬을 많이 그리는데 제롬인지 어떻게 알아보냐면 동굴 배경의 할아버지 옆에 사자가 있으면 제롬이야. 가시가 박힌 사자가 어느 날 제롬에게 다가왔는데 제롬이 가시를 빼주었데. 그 후 사자가 제롬 옆을 죽을 때까지 떠나지 않고 지켜주었다는 거야. 전설일 수도 있지만 얼마든지 사실일 수도 있다고 생각해.

다니엘이 사자굴에 떨어졌을 때 배고픈 사자가 천사의 명령으로 순한 강아지가 되었잖아. 제롬의 사자는 제롬의 성경 번역을 도와주는 천사였는지 모르지.

하나님의 말씀을 번역하는 것만큼 신성한 일이 있을까? 제롬이란 이름이 라틴어로 '신성한 사람'이란 의미야. 이름이 이렇

아들, 예루살렘에 가자

게 중요하단다. 신성한 사람의 신성한 성경 번역 덕분에 라틴어
성경이 세계의 다른 언어로 번역되는 기초가 되었고, 결국 한글
성경도 이런 과정에서 번역될 수 있었던 거야.

예수가 젖을 먹었던 동굴에서 기도하면
아기를 가질 수 있다

예수 탄생 교회를 나와 150미터 정도 걸어가면 하얀색 건물의 교회가 있어. 교회 안에 동굴이 있는데 온통 우유빛이라 우유 동굴 교회라고 불러. 헤롯왕이 베들레헴에서 유다의 왕이 태어났다는 소식을 듣고 두 살 이하 남자 아이들을 죽이려고 했어. 그러자 천사가 요셉에게 아기 예수와 마리아를 데리고 이집트로 도망가라고 했어. 도망가는 길에 이 동굴 안에서 마리아가 아기 예수에게 젖을 먹였는데 마리아의 젖이 동굴에 떨어져 동굴이 우유빛으로 변했다는 거야.

이 우유 동굴을 제일 많이 찾아오는 이들이 아기 갖기를 원하는 여자들이래. 이 우유 동굴에서 기도해서 임신한 여자들이 세계적으로 엄청 많다는 거야. 사실을 입증하듯 이 우유 교회 입구 작은 방에 우유 동굴에서 기도하고 아기를 가진 전 세계 여자들의 감사 편지와 아기 사진들이 빽빽이 전시되어 있어. 예수를 믿지 않는 이들에겐 마술 같은 얘기지만 "네 믿음대로 될지어다"라고 말씀하신 예수를 믿는 이들은 믿음 때문이라는 걸 알지.

아들, 예루살렘에 가자

예수가 겨울에 태어나지 않았다는 증거,
목자들의 들판

예수가 태어났을 때 베들레헴에서 3킬로쯤 떨어진 들판에서 자고 있던 목자들에게 천사가 나타났어. 그리고 베들레헴으로 가서 태어난 아기 예수를 경배하라고 알려줘.

천사가 나타났다고 추정하는 곳에 '목자들의 들판 교회'가 세워졌어.

목자들의 들판은 '룻의 들판'이라고도 불려져. 룻이 일했던 보아스의 밭이 근처에 있거든. 이 룻이 오벳을 낳고, 오벳이 이새를 낳고, 그 이새의 아들이 바로 다윗이었어.

예수 탄생이 12월 겨울이 아니라는 증거가 바로 이 목자들의 들판이야. 목자들이 추운 겨울에 바깥에서 잠을 자고 있었을 리가 없거든. 기독교를 공인한 콘스탄티누스가 사실은 태양신 숭배자였기 때문에 태양신 기념일인 12월 25일을 예수 탄생일로 둔갑시켰어. 그 후 1700년 동안 사람들은 크리스마스를 믿고 있는거야.

기독교를 모르는 한 일본 사람에게 크리스마스가 어떤 날이

냐고 거리 인터뷰를 한 방송을 보았는데 그 일본 아줌마가 상냥한
목소리로 이렇게 대답하더라구. "산타클로스의 생일 아닌가요?"

아들, 예루살렘에 가자

아이를 낳지 못하는 여인들의 통곡 장소,
라헬의 무덤

라헬은 야곱의 둘째 부인이야. 첫째 부인인 라헬 언니 레아가 야곱의 8명의 아들을 낳았고, 라헬이 여종을 통해 2명의 아들을 낳고 마지막에 라헬이 두 아들을 낳아. 이 12명의 야곱의 아들들이 이스라엘 12지파가 되잖아. 열두 아들이 만들어지는 과정을 보면 한마디로 속임수와 질투였어. 속임수와 질투가 인간 드라마의 갈등 핵심인가봐.

라헬이 아기를 낳지 못해 오랫동안 마음의 고통 속에 있었다가 요셉을 낳고, 베들레헴에서 둘째 아들 벤야민을 낳다가 죽어. 야곱이 라헬의 무덤을 만들어주었고 그 무덤 장소가 베들레헴 분리장벽 근처 유대인 구역에 있어. 유대인의 기도 장소이지만 특히 아이를 낳지 못하는 여자들이 통곡하며 하나님으로부터 태 문을 여는 축복을 기도하는 곳이라고도 해.

아랍 구역이지만
베들레헴 주민은 크리스천

팔레스타인 현지 가이드가 자신이 크리스천이고 15년째 인권을 위해 일하고 있다고 해서 놀랐어. 베들레헴 인구가 3만4,000명 정도 되는데 90퍼센트가 크리스천이라고 해서 더 놀랐어.

베들레헴에서 산다는 것은 특별한 축복일 것 같아. 베들레헴에서 예수가 태어나 기원전과 기원후로 인류의 시계가 나뉘어 있어. '빵집'이란 의미의 작은 산마을에 우주를 만드신 하나님의 아들이 태어난 거야.

세상을 구원할 이가 베들레헴에서 태어날 거라고 구약에 예언되어 있어. 그래서 다윗왕이 베들레헴에서 태어나고, 그 후 세상을 구원할 진짜 왕의 왕 예수가 태어난 거지.

베들레헴을 떠나기 위해 산에서 내려와 다시 분리장벽을 통과할 때 참 아쉬웠어. 예수가 태어난 곳 바닥에 장식되어 있던 14각형의 은별이 떠올랐어. 엄마는 베들레헴을 한 단어로 '별'이라고 하고 싶어. 어둠의 세상에 빛이 되는 별이 태어나셨으니까.

너는 베들레헴을 한 단어로 뭐라고 하고 싶어?

빵

베들레헴이 빵집이란 뜻이라서? 빵집에서 태어난 예수님이
우리의 빵과 같은 생명의 양식이라서?

3
예루살렘

예루살렘이
왜 이스라엘에게 중요할까?

오늘은 드디어 예루살렘을 보기로 하자. 그전에 먼저 예루살렘이 왜 이스라엘에게 중요한지를 알아뒀으면 해.

하나님이 예수님이 태어나기 4000년 전에 아브라함을 이스라엘 나라를 시작하는 사람으로 선택하셨어. 하나님이 노아를 선택하셨을 때 하나님 보시기에 의인이고 하나님과 동행하는 자라고 성경에 있는데 아브라함도 하나님 보시기에 노아같아 선택하신 걸까?

아브라함이 우상 숭배를 하는 아버지 데라의 영향을 받았지만 아브라함은 세상과 사람을 만드신 하나님을 마음의 중심에 두고 있었나봐. 그러니까 칠십 넘은 할아버지 아브라함이 하나님이 떠나라 말씀하실 때 다 버리고 떠날 수 있었겠지.

아브라함은 아이가 없었어. 그런데 하나님은 아브라함에게 하늘의 별만큼 많은 자녀를 주시겠다고 말씀하셨어. 아브라함은 믿었어. 그런데 기다려도 아이가 안 생기니까 아브라함의 아내 사라가 엉뚱한 생각을 했어. 사라는 이미 할머니라서 이집트 여종 하갈을 통해 아브라함의 아들을 낳게 했어. 아브라함이 팔십 육세였어. 옛날 고대 중동에서는 여종들이 주인의 아이들을 낳기도 했었거든.

하나님은 사라에게 고통의 시간을 주셨어. 여종 하갈이 여주인 사라를 무시하고 놀렸어. 아브라함도 아이를 낳은 하갈에게 잘해주었을테니 사라가 화가 많이 났겠지.

아브라함이 구십구 세 때 하나님이 사라와의 아이를 주시겠다고 하니까 사라가 웃었어. 하나님 말씀을 믿지 못해 웃는 웃음이었어. 하나님은 우리가 믿지 못해 웃을 일도 한 번 말씀하신 것은 반드시 이루시는 분이야. 그래서 아브라함이 백 살 때 이삭이 태어났어. 그제서야 사라는 기뻐서 진짜 웃었어.

하갈의 아들 이스마엘이 이삭을 질투하고 미워했어. 사라가 하갈과 이스마엘을 쫓아냈어. 아브라함이 이스마엘을 사랑했기 때문에 이스마엘을 떠나보낼 때 마음이 많이 괴로웠어.

하나님은 우리가 사랑하고 곁에 두고 싶은 것도 하나님의 계획이 아닌 것들은 버리기를 원하셔. 버린다고 진짜 버려지는 것은 아니고 하나님은 다시 다른 방향으로 거두어 쓰시는 분이야. 그래서 이스마엘의 자손이 지금의 아랍 자손이 되게 하셨어.

지금 이스라엘과 팔레스타인이 싸우는 것은 이스라엘이 이삭의 자손이고 팔레스타인은 이스마엘의 자손이라 둘째 아들과 첫째 아들 자손끼리 싸우는 거란다. 이스라엘은 이삭이 하나님이 택하신 아브라함의 아들이라고 하고, 팔레스타인은 이스마엘

아들, 예루살렘에 가자

이 장자권을 갖는 첫째 아들이라고 하는 거야. 이스라엘과 팔레스타인 모두에게 예루살렘은 성지라서 서로 싸우며 자기 것으로 만들려고 하는 거고.

하나님은 아브라함에게 아주 어려운 테스트를 하셨어. 이스마엘을 떠나보내고 이삭만 사랑하고 있었는데 하나밖에 없는 아들을 바치라고 하신거야. 당시에 제사는 양 같은 동물을 죽여 바쳤는데 이삭을 바치라고 하니 아브라함이 얼마나 괴로웠겠어.

괴로웠지만 아브라함은 하나님을 믿고 순종했어. 엄마는 아브라함보다 더 놀라운게 이삭인거 같아. 어떻게 아버지가 칼을 들어 죽이려 하는데도 울지도 반항하지도 않을 수 있지? 하나님의 믿음 교육을 어떻게 시켰길래 이삭같은 아들로 키울 수 있었을까? 아브라함이 이삭을 묶은 다음 불태울 나무 위에 올려놓는 장면을 상상해봐. 이삭은 하나님께 순종하고 아버지 아브라함에게 순종하기 위해 살려달라고 반항하지 않았어. 아브라함은 죽기를 각오한 어린 양같은 이삭을 향해 칼을 높이 들었어.

하나님은 아브라함이 칼을 들어 이삭을 죽이려하는 순간까지 지켜보시다가 이삭을 살려주셨어. 아브라함이 이삭을 하나님께 바치려했던 곳이 모리아 산이야. 후에 예루살렘 성전이 모리아 산에 지어져.

하나님의 외아들 예수님이 십자가에서 화목제물로 바쳐지는 사건이 이삭 이후 4000년 후에 일어나. 예수님은 십자가에서 얘기가 끝나지 않지. 하늘로 올라가시잖아. 예수님은 하늘로 올라가시면서 다시 오실거라고 하셨어. 지금 하늘에 계신 예수님이 다시 오실 때 어디로 오실까?

우리 땅? 우리 집 ? 우리 교회?

사도행전 1장 11절에 예수님이 어디로 다시 오시는지 써 있어. 예수님이 하늘로 올라가신데로 그대로 다시 오신다는 거야. 그럼 어디겠어? 그렇지, 예수님은 서울도 아니고 로마도 아니고 세계 그 어떤 곳도 아니고 예루살렘으로 다시 오시는 거야.

아들, 예루살렘에 가자

나라 위해 죽은 이를
기억하라는 사이렌

예루살렘 올드시티 안으로 들어가려고 성문 중 하나인 야파 문에 도착했는데 사이렌이 울렸어. 오늘이 중동 전쟁에서 죽은 이스라엘 군인을 추모하는 현충일이래. 거리의 사람들이 멈춰 고개를 숙이고 이스라엘 국기를 달고 달리던 차들도 멈추었어.

사람과 차들의 움직임이 멈추어진 풍경. 죽은 영혼을 애도하는 사이렌 소리만 들리는 거리.

이스라엘 현충일(Yom Hazikaron)은 전쟁과 테러에 죽은 군인들을 애도하는 건데 군인뿐아니라 팔레스타인과의 정치적 갈등으로 희생된 모든 시민들도 포함해서 애도하는 거야. 현충일 다음날인 내일은 이스라엘 독립 기념일(Yom HaAtzmaut)이래. 이스라엘이 완전히 축제 분위기가 될 거 같은데.

한국에도 6월 6일 현충일이 있어. 한국 국토 방위를 위해 죽은 이를 기념하는 묵념 사이렌이 울려. 목숨을 던져 나라를 지킨 사람들이 없으면 한국도 지금의 땅을 지킬 수 없었어. 나라를 지키는데도 수많은 피가 뿌려져야 하는 게 슬퍼.

우리가 서 있는 이 구시가지가 특히 1967년 중동 3차 전쟁 때 이스라엘 젊은 군인들의 피로 홍건했어. 그 피가 뿌려져 이 예루살렘 성을 얻었기에 우리 같은 관광객이 이곳을 방문해볼 수 있는 기회도 생긴거란다.

세상에 전쟁이 일어나지 않고 서로 평화롭게 살아서 나라를 지키기 위해 목숨을 잃는 일들이 일어나지 않는다면 얼마나 좋을까.

죽은 예수의 몸에
뿌려진 향유

올드시티 성 안에서 제일 먼저 가고 싶은 곳은 당연히 십자가에 달린 예수님이 계셨던 곳이야. 십자가가 기독교의 상징처럼 되었듯이 예수님 십자가 사건만큼 기독교 역사에서 중요한 것이 없어.

'예수 무덤 교회'를 들어서자 관 모양의 돌이 먼저 눈에 들어왔어. 사람들이 그 돌에 엎드려 입을 맞추며 기도하는 모습이 보여. 이곳이 돌아가신 예수님 몸을 향유로 닦던 곳이야. 그래서 어떤 이들은 예수님의 몸을 닦았던 세마포같은 긴 흰 수건으로 돌 위를 닦기도 하네. 가져온 향유를 뿌리는 이도 있어. 온몸으로 엎드려 석관을 끌어안는 사람도 있고.

죽은 예수님의 몸에 향유가 뿌려졌던 곳에서 사진 찍자. 그런데 너는 사진 찍을 때의 습관으로 웃다니. 예수님이 고통스럽게 죽고 뉘어진 자리에서 무례하게. 감사의 마음으로 돌에 입을 맞춰야지.

예수의 죽은 몸을 향유로 닦았던 돌 옆 벽에 십자가 예수님 그림이 걸려 있어. 그림의 예수님 아래에 해골 하나가 그려져 있는데 아담의 해골이야. 예수님의 피로 인간의 죄가 씻기면서 처음 죄를 지었던 아담에게까지 그 죄 씻김이 이어진다는 의미야.

예수님이 돌아가신 십자가의 자리는 예수님의 죽은 몸을 닦던 자리 옆의 계단으로 올라가야 해. 그곳에 또다른 십자가 예수님 그림이 있고 그 밑 제단에 메디치라고 써 있네. 이탈리아 르네상스 시대를 열어준 부자인 줄만 알았는데 예수님께 바치는 제단에도 돈을 들였구나. 예수를 때리고 못을 박고 창으로 가슴을 찔렀던 로마 병사들을 대신해서 용서를 구하는 마음이었을까?

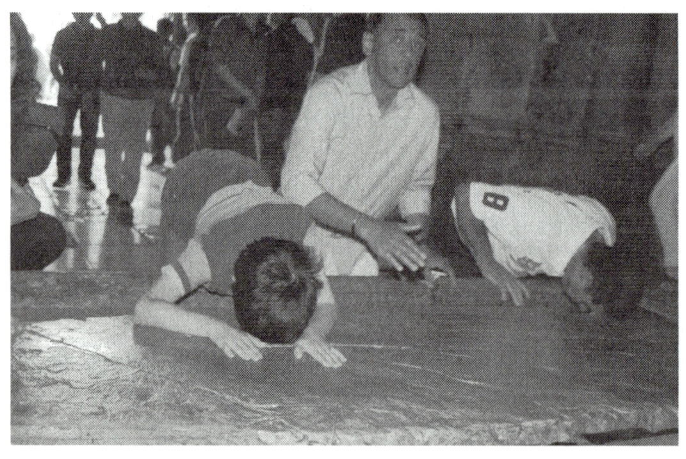

아들, 예루살렘에 가자

아, 십자가 언덕

메디치가의 제단 옆에 바위가 보이는데 이 바위가 바로 십자가가 세워졌던 곳이야. 그 바위를 가까이 보기 위해 많은 사람들이 줄을 서서 기다리는데 갑자기 한 인도 여자가 이상한 비명 소리를 지르기 시작하네.

이런 소리 몇 번 들어본 적 있어. 귀신 들린 사람들이 지르는 소리. 귀신이 예수님 십자가 자리에서 괴로워서 비명을 지르는 거야. 이 귀신 들린 여자 때문에 줄이 멈춰버렸어. 이런 곳에서 오래동안 서 있는 것은 좋아. 골고다 언덕 아닌가.

십자가가 세워졌던 바위를 보고 다시 계단 아래로 내려가면 예수님 당시의 동굴 무덤을 상상해 볼 수 있는 작은 동굴 무덤이 있어. 이 무덤은 예수님이 돌아가시고 나서 빌라도 총독을 찾아가 예수님의 돌아가신 몸을 비싼 돈을 주고 샀던 요셉의 무덤이야. 그리고 마리아 막달라의 무덤도 이곳에 있어. 이런 자리에 무덤을 가진 이가 부럽다.

이교도를 믿는 작은 마을 막달라 출신의 마리아는 더러운 일곱 귀신이 들렸던 여자였어. 예수님이 마리아를 고쳐주시며 말씀하셨어.

"네 믿음이 너를 구원하였으니 편안히 가라."

이 말씀을 들었을 때 마리아가 얼마나 감격스러웠을까? 기쁨과 감사로 울고 또 울었을거야. 그 마음을 주체하지 못해 비싼 향유를 예수의 발에 부었어. 성경에 옥합을 깨트려 기름을 부었다고 표현되어 있어. 비싼 기름병을 깨트린 것에 의미를 두는 이들도 있지만 당시 옥합은 단단해서 옥합의 뚜껑을 깨트려 기름을 쏟아야만 했어. 중요한 건 옥합이 아니라 기름인거야.

사무엘이 왕이 될 이에게 기름을 부었듯이 마리아가 예수를 왕으로 모셨기에 기름을 부은거야.

그때부터 마리아는 하늘의 복을 받은 여인이 되어 십자가의 예수님을 지켜보는 복을 누렸고, 예수님의 무덤을 찾아갔을 때 하늘의 천사를 만나 예수님이 부활하셨다는 것을 알게 되는 복을 누렸어.

아들, 예루살렘에 가자

예수님 무덤 안에
누가 계시는가

예수님의 무덤이라는 곳은 줄이 너무 길어서 들어갈 수 없겠다. 골고다 언덕 옆 옛날 작은 동굴 무덤이 있었던 곳에 있어. 이곳이 예수님의 무덤이니까 저 무덤 안에 누가 계시는 거야?

예수님!

그렇게 대답할 줄 알았어. 예수님은 부활하셨으니 저 무덤은 비어 있지.

예수님의 무덤 아래에는 아담의 무덤이 있데. 아담은 히브리어로 '진흙으로 만들어진 피'라는 의미가 있어. 진흙은 땅에서, 피는 하나님의 피로 만드셨다는 거야. 아담이 죄를 짓자 하나님의 피가 사람의 유전자 DNA로 바뀌었다는 거지.

진짜 예수의 무덤 아래 아담의 무덤이 있는지 확인할 수 없지만 한 가지만 분명히 기억해두렴. 아담이 죄를 지었고, 아담 이후 모든 사람들이 그 죄에 갇혀 있었고, 예수의 피로서 죄에 갇혔던 우리가 자유롭게 되었다는 것을!

아르메니아가
세계 첫 기독교 국가

'예수 무덤 교회' 안에 아르메니아인들이 그려진 그림이 있고, 에디오피아인들이 그려진 그림이 있는데, 그림이 중요한 게 아니라 기억하면 좋을 게 있어. 아르메니아가 기원후 301년 세계 최초로 기독교를 국교로 정한 나라였다는 거야. 에디오피아가 두 번째 기독교 국가이고.

한국은 몇 번째야?

예수님이 2000년 전에 태어나셨는데 한국 사람이 예수님을 알게 된 건 불과 130년밖에 안됐어. 순서로만 치면 거의 꼴찌야. 그런데 성경에서 하나님이 한국같은 나라를 위로하시는 말씀이 있어.

〈처음된 자가 나중되고 나중된 자가 처음된다.〉

현재 예수 무덤 교회는 유럽 십자군이 예루살렘을 침략한 후 새로 지은 거야. 그때 십자군들이 예수님의 무덤 장소가 '세상의 중심'이라고 표시한 곳이 있어. 십자군들이 잔인하게 예루살렘을 정복했지만 예수님이 돌아가시고 부활하신 예루살렘이 세상

아들, 예루살렘에 가자

의 중심이라는 것은 알고 있었나봐.

아무리 모든 길이 로마로 통하던 때였어도 진짜 세상의 중심
은 이곳이었다는 것을!

고통의 길, 십자가의 길
비아 돌로로사(Via Dolorosa)

엄마가 된다는 건 아이를 위해서 어떤 고통도 견딜 수 있을 만치 사랑을 알게 된다는 것 아닐까. 자식을 살리기 위해 목숨을 던져야 한다면 기꺼이 버릴 수 있는 사랑. 우리가 하나님의 자식이 아니라면 하나님이 우리를 위해 고통 받으시고 목숨을 내어주는 일이 일어나지 않았을 거라는게 이해돼.

예수님에게 십자가 형이 내려지고 골고다 언덕 십자가에 달리시기까지 길을 걸어가보자. 지금은 좁고 시끄러운 재래시장 골목길로 변해 있어. 예수를 믿지 않는 아랍인들이 십자가를 팔고 있어. 십자가의 길이 있는 구역이 아랍인 구역이거든. 그래서 아랍인 기도 방송이 울리기도 해. 2000년 전처럼 지금까지도 십자가의 길이 조롱당하는 것 같아 슬퍼져.

빌라도 법정부터 골고다 십자가 장소까지 14처소로 나뉘어 표시가 되어 있어. 마지막 처소인 골고다 십자가 다음으로 사람들의 마음을 움직이는 곳이 5번 처소인거 같아. 십자가가 버거워 예수님이 쓰러지자 로마 병사가 구레네 시몬이란 남자에게 십자

107

예루살렘

가를 지게 했어. 성경에 시골 사람 구레네 시몬이 억지로 십자가를 지었다고 써있어. 그때 예수님이 힘겨워 손을 벽에 짚으셨는데 그 손자국이 남아 있어. 그래서 예수님 손 위에 자신의 손을 포개듯 만지는 곳이야.

억지로 십자가를 지었던 시몬은 어떻게 되었을까? 억지로라는 말이 예수를 따르던 이가 아니었다는 의미지. 그런 시몬이 십자가를 억지로 짊어진 사건 이후 어떤 사람이 되었는지 사도행전 13장 1절에 나와.

〈안디옥 교회에 선지자들과 교사들이 있으니 곧 바나바와 니게르라 하는 시므온과 구레네 사람 루기오와 영주 헤롯과 함께 자란 마나엔과 사울이라.〉

니게르라는 시므온이 구레네 시몬이고 구레네 사람 루기오는 시몬이 전도한 같은 마을 사람이야. 흑인이었고 시골 출신이었던 시몬은 예수의 십자가를 억지로 지게 된 사건으로 예수를 만나 믿게 되었어. 그 후 바나바와 바울의 이름과 나란히 성경에 기록되는 사람이 된 거야.

예수님이 우리에게 각자 십자가를 지라고 하셨지만 기꺼이 그 십자가를 질 이는 없거든. 억지로라도 십자가를 지는 것이 복이야. 십자가만이 예수를 따를 수 있는 길이기에.

성벽에 꽂히는
소망의 편지들

통곡의 벽에 도착하니 거대한 벽과 그리고 벽을 향해서 기도하는 수많은 사람들을 보는 것만으로도 가슴이 뛰어. 벽 틈에는 사람들의 소원이 적혀있는 편지들이 빽빽이 꽂혀 있어. 너는 무슨 소원을 쓰고 싶어?

재미있는 게임 많이 하게 해달라고.

나중에 천국가면 영원히 놀 수 있어. 상상도 못할 게임들이 많이 있고. 천국은 괴롭히는 친구도 없고 숙제도 없고 엄마한테 야단 맞는 것도 없고… 그럼 뭐라고 다시 편지 쓰고 싶어?

천국 가게 해달라고.

우리가 있는 이 통곡의 벽은 이스라엘 사람들이 하나님께 울부짖는 곳이야. 예루살렘 성전이 무너져 이 통곡의 벽 한쪽만 남아 슬퍼서 우는 거고, 2000년 만에 예루살렘 성의 한쪽 벽을 다시 찾은 감격으로도 우는 거야.

로마 디도 장군이 기원후 70년에 예루살렘을 공격해서 다 파괴했어. 헤롯 성전도 다 무너트렸어. 지금 통곡의 벽인 서쪽 벽의

맨 아래부분만 오리지널 성벽인데 얼마나 크고 튼튼한 돌을 로마가 무너트렸는지 과시하려고 일부러 조금 남겨 놨다고 해.

예루살렘이 돌 위에 돌 하나도 남지 않은 폐허가 되고, 이스라엘 사람들은 죽임을 당하거나 예루살렘에서 쫓겨나 세계로 흩어졌어.

그리고 1900년이 지난 후 1948년 이스라엘 국가가 다시 만들어졌어. 그때도 예루살렘은 요르단 나라 거였어. 1967년 6일 전쟁에서 이긴 이스라엘이 마침내 예루살렘 땅을 갖게 됐어.

그런데 통곡의 벽 서쪽 바깥은 이스라엘 땅이 되었지만 이 벽 안쪽은 지금도 팔레스타인 나라거야. 팔레스타인은 이슬람교를 믿기 때문에 이슬람 성전을 지었고 저 위 번쩍번쩍 빛나는 황

아들, 예루살렘에 가자

금지붕이 바로 그 이슬람교 성전이야.

솔로몬 성전 자리에 이슬람교 성전이 있으니 이스라엘 사람들이 얼마나 슬프겠어. 그래서 솔로몬 성전이 다시 지어지기를 바라며 우는 사람들도 많아. 성경에 헤롯 성전이 무너진 후 다시 새로운 성전이 지어질 거라고 예언되어 있어. 성경에 써 있는 예언이니 세 번째 성전이 세워지게 될 거야. 세계적인 이슈가 되겠지.

머리 위에 계신 하나님을 위해
모자를 쓰다

　이 통곡의 벽을 찾아오는 모든 남자들은 유대인들처럼 모자를 쓰게 되어 있어. 유대인들이 쓰는 작고 둥근 모자는 '키파'라고 해. 머리 뒤통수만 대머리인 남자가 저 모자 쓰는 거 제일 좋아할 것 같아.

　이스라엘뿐 아니라 세계 다른 나라에서도 저런 모자를 쓰고 있는 사람을 보면 이스라엘 사람이구나 생각하면 돼. 저 모자를 쓰는 이유는 우리 머리 위에 하나님이 계시다는 것을 인정한다는 뜻이야. 그리고 하나님의 권위 아래에 살고 있다는 고백이야.

　하나님이 이스라엘을 통해서 하나님을 알려주셨기 때문에 아브라함의 하나님, 이삭의 하나님, 야곱의 하나님이라고 계속 말씀하시는 거야. 다른 만들어진 신들과 헷갈려 하지 말라고.

아들, 예루살렘에 가자

검은 옷을 입고 율법을 지키다

— 전통 유대인

검은색 옷을 잘 입으면 세련되어 보이는데 저 남자들은 좀 무서워 보이지? 검은 옷에 검은 모자 쓰고 긴 수염 기른 남자들은 전통 유대교 사람들이야. 유대교 전통을 철저하게 지키는 사람들이라고 생각하면 돼.

한국 남자들도 옛날에 저렇게 모자 쓰고 다녔어. '갓'이라는 한국 전통 검정 모자가 유대인 전통 검은 챙모자하고 모양이 비슷해. 한국 전통 마을에 가면 아직도 갓을 쓴 사람을 볼 수 있어. 한국은 하나님을 알게 된 게 130년밖에 안됐기 때문에 유대인처럼 하나님을 인정한다는 의미로 쓰진 않았어.

하지만 하나님이 성경에 사람의 몸을 하나님의 성전이라고 말씀하신 것처럼 옛날 한국 사람들은 사람의 몸을 잘 보호해야 한다는 생각을 가졌어. 머리카락도 함부로 하지 않으려고 잘 묶어서 갓을 쓴거야.

유대인들이 토라를 읽으면서 몸을 저렇게 앞뒤로 흔들고 있는 것도 옛날 한국 사람들하고 같아. 옛날 한국의 학교를 서당이라고 불렀는데 그 서당에서 공부하는 아이들이 저렇게 몸을 앞뒤로 흔들면서 공부했어. 몸을 앞뒤로 흔들면 집중이 잘된다는 것을 유대 민족과 한국 민족은 알고 있었던 거 같아. 물론 유대인들은 계속 절을 하듯 하나님께 온몸으로 경배하는 마음이 담겨 있지.

기도할 때 왜 스카프를 두르고 있어요?

'탈릿'이라고 부르는 기도 숄이야. 저 스카프를 두르고 오직 나하고 하나님만의 교제의 세계에 들어가는 기도를 하는 거야.

예루살렘
성전의 역사

통곡의 벽 옆쪽으로 성전을 올라가는 입구가 있는데 성전을 보기 전에 예루살렘 성전의 역사에 대해 알 필요가 있어.

솔로몬 성전이 있던 곳에 세워진 황금지붕 성전은 이슬람 성전이야. 아브라함과 이집트 여종 하갈의 자손들이 세운 성전이야. 제1성전인 솔로몬 성전은 기원전 586년 바빌론, 지금의 이라크에 의해 파괴됐어. 그 후 페르시아, 지금의 이란이 바빌론을 내몰고 유다와 예루살렘 성전을 지배했어. 페르시아 왕은 유대인 포로를 예루살렘으로 돌려보내주며 성전을 짓도록 해줬어. 이게 제2성전이야. 바빌론의 유대인 포로였었던 제사장 스룹바벨 지도하에 지어져서 스룹바벨 성전이라고도 해.

스룹바벨 성전을 재건한 왕이 헤롯왕이고 예수님이 가셨던 예루살렘 성전이 이 헤롯 성전이야. 헤롯왕은 베들레헴 유아들을 살해하고, 세례 요한의 목을 벤 나쁜 왕이지만 남겨놓은 유명한 건축물이 많아. 대표적으로 마사다의 사막 요새였던 헤롯 궁전이 있어. 바위산 위에 왕궁을 세우고 로마식 목욕탕까지 만들었어. 이곳은 로마 통치에 저항한 유대인 독립군의 마지막 피신처로 더 유명해.

예수님이 십자가에서 돌아가시고 40년 후에 로마 디도 장군이 예루살렘 성전을 다 무너트렸어. 예루살렘에 있던 유대인들은 거의 다 죽었어. 노예로 삼기 위해 로마로 데려가기도 했어. 고대시대 원형극장이었던 로마 콜로세움이 그 유대인 노예들이 만든거란다. 콜로세움 옆 개선문은 디도 장군에 의해 예루살렘을 무너트린 승리를 기념하는 거야.

이스라엘 사람들이 로마에 오면 다른 관광객처럼 즐기며 콜로세움을 보지 못하겠지? 콜로세움 어딘가에 이스라엘에게 미안하다는 사과의 말과 상징이 만들어지면 좋겠다는 생각이 들어.

예루살렘은 로마에 의해 파괴된 이후 계속 땅의 주인이 바뀌었어. 2000년 동안 한 번도 자기 땅에 살지 못했어. 로마 이후 비잔틴(터키)과 아랍(사우디아라비아)이 점령했고, 유럽 가톨릭이 십자군 군대를 만들어서 점령했어.

십자군은 십자가 모양의 옷을 입고 예루살렘 유대인을 잔인하게 죽였어. 자그마치 200년 동안. 십자가가 펄럭이는 깃발 아래에서 유대인들이 짐승처럼 죽임을 당했기 때문에 유대인은 십자가 세워진 교회를 싫어해. 십자가 믿는 사람들도 싫어해.

십자군 다음으로 아랍(이집트)과 터키 오스만 제국에 점령당했고, 그 다음에 영국의 통치권 안으로 들어갔어.

로마-비잔틴-아랍-십자군-아랍-터키 오스만 제국-영국.

아들, 예루살렘에 가자

이렇게 로마부터 영국까지 1900년이야.

그럼 거의 2000년 동안 이스라엘 사람들은 어느 땅에서 살았을까? 하나님이 주신 이스라엘 땅에서 예수를 거부하고 죽인 후 쫓겨난 유대인들은 전 세계로 흩어졌어.

한국에도 왔어?

아니, 안 왔어. 정말 이상해. 전 유럽, 미국은 물론 러시아 중국 일본 다 유대인들이 들어갔는데 한국으로는 안 들어왔어. 하나님은 한국과 이스라엘 사이에 나쁜 역사를 만들지 않기 위해 한국에는 유대인을 안 들어가게 하셨던 것 같아. 왜냐하면 유대인들은 남의 땅에 흩어져 살면서 미움을 너무 많이 받고 억울한 핍박과 죽임을 많이 당했거든.

남의 땅에서 서럽게 울며 2000년을 버티던 유대인들이 1948년 이스라엘로 돌아왔어.

2000년 전에 있었던 나라, 2000년 동안 없어졌던 나라, 그런데 2000년 만에 다시 세워지는 나라. 이건 노아 방주 사건보다, 모세가 홍해를 가르는 것보다 더 기적이야. 역사적으로 500년 이상 디아스포라로 살면 민족 자체가 완전히 없어져버리거든.

예루살렘 성전이
지금은 이슬람 성전

아브라함이 이삭을 바쳤던 모리아 산, 지금은 성전산이라 불리는 곳에 올라가보자. 통곡의 벽 옆 성전산 올라가는 입구를 통과하는데 한참을 줄서서 기다렸어.

위쪽으로 올라가면 이스라엘과 아랍 경계가 있고 양쪽에 군인들이 배치되어 있어. 이스라엘 쪽에 있는 예쁜 여자 군인에게

아들, 예루살렘에 가자

사진 같이 찍어도 되냐고 물으니 카메라를 향해 활짝 웃어줘서 고마웠어. 바로 몇 걸음 건너편에 있는 아랍 경찰들은 무뚝뚝한 표정으로 휴대폰만 들여다보고 있네.

황금지붕 사원을 눈 앞에서 보는데도 현실감이 느껴지지 않아. 아브라함이 이삭을 번제물로 바치려했던 곳, 예루살렘 성전이 있었던 곳에 와 있다는 감동 때문인 것 같아.

그런데 지금은 이슬람사원이어서 안타까워. 이슬람교는 무하마드가 이곳에서 이슬람 경전인 꾸란을 받았다고 주장하고 있어.

한 독일 관광객 아줌마가, 황금사원 마당에 앉아 있는 아랍 여인에게 사진을 찍어도 되냐고 물으니 아랍 여인이 불쾌한 표정을 지으며 싫다고 하네. 그 옆 아랍 젊은 여학생들은 지나가는 유대인을 향해 뭐라고 계속 소리 지르고 있어.

유대인이 지나갈 때 저렇게 자기 신을 높이는 소리를 지른대. 한마디로 황금사원 주인인 아랍인들은 유대인도 이방인도 이곳에 접근하는 것을 싫어하는거 같아.

성전산에서 맞은편 올리브 산이 아주 잘 보이지? 저 올리브 산에서 예수님이 승천하셨어. 건너편 올리브 산은 다른 날 올라가보자.

'아름다운 문' 으로
들어오실 메시아

황금지붕 사원 동쪽에 성문이 보이는데 문이 막혀있어. 이 문이 성경에 나오는데 베드로와 요한이 앉은뱅이를 예수의 이름으로 고쳐주는 장면이야. 예수님 당시에는 아름다운 문이라고 불려졌다고 해.

이 문이 또 중요한 의미가 있는데 유대교에서는 메시아가 올 때 이 문이 열리게 될 거라고 믿고 있어. 예수가 메시아임을 아는 크리스천은 다시 오실 예수님이 저 문으로 성에 들어오실 거라고 믿고 있어.

왜 이슬람교인들이 저 문을 닫아놨는지 알겠지?

아들, 예루살렘에 가자

주께서는 시온의 문을
사랑하시는도다

성전산을 나와 남쪽 시온문으로 가서 문밖으로 나가면 다윗의 무덤이 나와. 이 문밖에 시온산이 있기 때문에 시온문이라고 불려져. 이 문은 L자 형태로 지어졌는데 적이 쳐들어올 때 방어하기에 좋데.

문 옆에 구멍들이 뭐예요?

총 자국이야. 예루살렘 역사 자체가 저런 수많은 총 자국 같아. 저 총 자국은 1948년 이스라엘 독립 전쟁때 생긴 거야. 이스라엘의 독립을 이웃 중동 국가들은 인정할 수 없어서 이집트 요르단 이라크 사우디아라비아 시리아 레바논이 다 합쳐서 이스라엘을 공격했어.

기적같이 이스라엘이 이겼어. 이스라엘을 2000년 만에 독립국가로 만들어주신 것이 하나님이시기 때문에 이제부터 하나님의 눈동자 이스라엘을 건드리면 하나님의 뜻을 건드리는 거야.

하나님은 당신이 처음 선택한 백성 이스라엘을 도와주시듯이 하나님을 사랑하는 모든 사람들도 도와주셔. 사람들끼리는 살면서 서로 상처주고 서로 이기려하지만 하나님은 무조건 도와주시는 분이야. 그래서 "우리의 도움이 하늘과 땅을 만드신 하나님께로다"라는 찬양을 하게 되는 거야.

시편 87장 2절에 시온문에 대해서 하나님이 하신 말씀이 있어.

〈주께서는 야곱의 모든 처소보다도 시온의 문들을 더 사랑하시는도다.〉

이 시온의 문을 통해 성전산으로 들어가기 때문에 하나님이 시온의 문을 사랑하신다고 하셨어. 이 시온문 바깥에 시온산이 있고 다윗의 무덤, 마가의 다락방, 야고보의 무덤이 있어.

아들, 예루살렘에 가자

별을 사랑한
다윗

성경에 다윗왕은 죽어 성 안에 묻혔다고 쓰여 있어. 그런데 우리가 도착한 다윗의 무덤 장소는 성 밖이잖아. 진짜 무덤이 아니고 만들어진 장소야. 다윗성이 유대인의 영토가 아니었을 때 만든 아이디어였어.

이스라엘의 수도가 텔아비브이지만 유대인들은 예루살렘을 수도로 생각하고 있어. 다윗성이 있기 때문이지. 그래서 이스라엘 국기에도 다윗의 별을 그려 넣었어. 다윗이 골리앗과 싸울 때 이 육각형의 별 무늬 방패를 들었다고 해. 다윗이 소매에도 이 별 무늬를 했고 다윗 성전에도 별 무늬를 많이 새겼어.

솔로몬도 유대왕의 문장으로 이 다윗별을 사용했어. 중세 때에는 악을 물리치는 부적으로 이용되기도 했고, 나치 정권 때에는 모든 유대인들의 팔에 다윗의 별 완장을 차게 했어. 그리고 이제는 2000년 만에 독립한 국가의 국기가 된 거야.

다윗의 무덤 장소는 세 평 정도의 작은 방에 융단으로 덮은 관이 있고, 그 주위는 키파를 쓴 유대인들이 기도하고 있어. 유대인들은 아직도 예수가 메시아라는 것을 인정하지 않기 때문에 다윗의 후손에서 나올 메시아를 위해 기도하고 있는 거야.

아들, 예루살렘에 가자

사랑은 낮아지는 거

―최후의 만찬 다락방

다윗의 무덤 위층에 최후의 만찬 다락방이 있어. 아무래도 이 다락방도 진짜 마가의 다락방은 아닐거 같아.

마가의 다락방에서 두 가지의 중요한 일이 있었어. 예수님이 제자들의 발을 씻겨주셨고, 빵과 포도주를 나눠주신 일이야. 발을 씻겨주는 일은 가장 천한 일이라 당시에도 가장 미천한 노예의 일이었어. 그런데 왕이신 예수님이 가장 천하게 낮아지셔서 이것이 '사랑'이라고 알려주시잖아.

사랑은 낮아지는 거라고.

사랑은 무릎을 꿇고 더러운 허물을 씻겨주는 거라고.

최초의 순교자

―야고보

성경에 야고보 이름이 여러 사람이 있어. 예수의 동생 야고보, 유다 아버지 야고보, 요한의 형제 야고보. 이 야고보의 무덤은 그중 사도 요한의 형제 야고보의 무덤이야.

야고보는 갈릴리 어부였다가 예수님의 부르심을 받았고, 예수님의 많은 사역을 지켜보았어. 변화산에서 변형하시는 예수님을 보았고, 예수님이 아이로의 죽은 딸을 살리시는 것도 보았어. 겟세마네 동산에서 땀방울이 핏방울되기까지 기도하시는 예수님도 보았어.

야고보는 십자가의 예수님을 본 이후 자신도 죽기까지 복음을 전하는 사도로 변하게 돼. 야고보뿐만 아니라 예수의 모든 제자들이 십자가 사건 전에는 예수를 이스라엘을 로마에서 해방시킬 왕으로만 생각했었어. 십자가와 마가의 다락방에서의 성령 사건 이후 예수가 진짜 원했던 제자들이 된 거야.

야고보는 열두 사도 중 최초로 예루살렘에서 칼로 순교당하게 돼.

<헤롯왕이 교회에서 몇 사람을 해치려고 손을 뻗치더니, 요한의 형제 야고보를 칼로 죽이니라〉 (사도행전 12:1-2).

예수님 동생 야고보는 어떻게 죽었어?

성전벽 아래로 떨어졌어. 예수가 사탄의 시험을 받았던 같은 성전 꼭대기에서.

수탉은 울지 않았다

―베드로 통곡 교회

시온문 근처에 또 중요한 곳이 베드로 통곡 교회야. 가야바의 집터도 가까운 곳에 있어. 가야바는 겟세마네 동산에서 잡혀온 예수를 빌라도에게 끌고간 대제사장이야.

베드로가 가야바의 집 뜰 안에까지 들어와 잡힌 예수가 어찌될지 지켜봤어. 그러다 자기도 잡혀 죽을까봐 겁이나 도망가버렸지. 예수를 모른다고 세 번이나 거짓말하면서. 베드로는 예수를 사랑했기에 예수를 버리고 마음이 아파 울었어. 베드로가 통곡하며 울었던 곳에 베드로 통곡 교회가 세워진 거야. 그곳 지하는 예수님이 갇혀 있었던 곳이기도 했어.

베드로 통곡 교회 지붕을 보면 닭 모양의 장식이 걸려있어. 성경에 수탉이 세 번 울고 베드로가 세 번 예수를 부인했다고 써있거든. 유대 문화를 모르는 이방인들은 진짜 닭이 울었을 거라고 생각하지만 실제로 당시 예루살렘 성전에는 닭을 기르지 않았데. 거룩한 성전에서 더러운 닭을 기르지 않았다는 거야.

당시 성전에서는 아침 일찍마다 제사장들이 아침 제사 시간을

아들, 예루살렘에 가자

알리는 소리를 질렀는데 닭처럼 시간을 알려줘서 제사장을 수탉

이라고도 불렀대. 성경을 잘 이해하려면 유대인 문화를 알아야 해.

십자가의 길이 시작되는 곳에서
아랍 아이들이 공부하다

베드로통곡 교회 바로 근처에 예수의 십자가길이 시작되는 첫 지점이 있어. 옛날 빌라도의 집터였는데 지금은 아랍 초등학교로 쓰인데. 학교라서 방문은 안 되고 금요일 오후 3시에 이곳에서 순례인들이 예수의 재판 장면을 재현하고 십자가길을 행렬한다고 해.

이곳에서 골고다 언덕까지 400미터야. 우리가 아랍 재래시장을 오고 가면서 여러 번 십자가의 길을 걸었지만 1번 처소에서부터 순서대로 십자가길을 걸어보는 것도 아주 의미있을 거야.

아들, 예루살렘에 가자

유모차에 앉아 있던 네가
6시간을 걷는 아이가 되었구나

3년 전에 너와 이탈리아 토스카나에서 배낭여행을 했었는데, 그땐 너를 유모차에 태우고 다녔었거든. 그런데 오늘 우리가 몇 시간 걸었는지 알아?

6시간이야. 물론 유모차없이.

여행하면서 네가 성장하는 것을 생생하게 느낄 수 있는 것 같아. 다음 여행에서는 또 얼마나 성장할까?

내일도 많이 걸을 거니 이제 숙소에 가서 쉬자. 오늘 엄마 안 힘들게 열심히 걸어주고 열심히 설명 들어줘서 네가 좋아하는 피자와 콜라를 상으로 사줄게.

비둘기 스프
먹어 볼까?

음식 가게들이 즐비한 골목길에 한 식당 메뉴가 눈에 들어오네. 비둘기 스프. 이스라엘 사람들이 비둘기 스프를 먹는구나. 이스라엘 사람이 비둘기를 먹었다는 기록은 레위기에 있어. 비둘기가 희생 제물을 위한 새였거든. 가난한 사람들이 바치는 제물이었어. 희생 제물 동물들은 제사가 끝나고 먹었으니 모세 때부터 이미 비둘기를 먹었다는 얘기지.

모세 오경에서 하나님이 먹지 말라고 한 것을 지금도 안 먹는 이스라엘 사람이니 모세 때에 먹었던 비둘기를 지금도 즐겨 먹는 게 이상할 건 없지.

비둘기가 평화의 상징이 된 건 노아 때였어. 노아가 방주에서 비둘기를 날려보냈어. 비둘기가 올리브 가지를 물고 왔고 홍수가 끝났다는 걸 알려줬어.

예수님이 세례 받으실 때 하나님의 영이 비둘기같이 내려왔다고 했어. 비둘기가 성령의 상징이 되었지.

평화와 성령의 상징인 비둘기 맞은 어떨까?

아들, 예루살렘에 가자

이스라엘 쥐 잡으러 온
영국 고양이

예루살렘은 거리나 주거지 근처에 정말 많은 고양이들이 있어. 영국이 이스라엘을 통치하고 있을 1930년대에 영국에서 고양이들을 엄청 가져왔어. 영국 사람들이 전염병의 위험이 있는 쥐를 끔찍하게 싫어하는데 이스라엘에 쥐가 너무 많았었거든.

비오고 추운 영국에서 따뜻한 지중해성 기후의 이스라엘로 이민온 고양이들은 많은 번식을 하기 시작했지. 지금 이스라엘에 있는 고양이 수가 자그마치 200만 마리나 된다고 해. 이스라엘 인구의 약 4분의 1을 차지한다니 어마어마하지?

이스라엘 고양이는 거리에서 태어나 거리가 자연스러운 그들의 집이고, 고양이를 좋아하는 이스라엘 사람들이 먹을 것을 챙겨줘. 앞으로도 계속 번식을 하다보면 이스라엘 인구에 맞먹는 수가 될지도 모르는데 이 고양이들을 다시 영국으로 되돌려보내야 하는 날이 오지 않을까?

망대 벽 위에 5000년 역사를 담다
－세계 최고 영상쇼가 있는 다윗의 망대

어제가 이스라엘 현충일이었고 오늘은 이스라엘 독립기념일이야. 거리의 차들이 이스라엘 국기를 휘날리며 팡파레처럼 경적을 울리고 있어. 도시가 축제 분위기로 아침부터 술렁거리네.

오늘은 예루살렘 여러 곳에서 축제 행사가 있고 박물관은 무료 입장이래. 축제 행사는 오후에 있으니 오전에는 박물관을 가보자구나. 어제 갔었던 야파 문 옆에 웅장한 규모의 박물관이 눈에 띄었는데 다윗의 망대 박물관이야. 그 다윗의 망대 박물관을 둘러보자. 게다가 무료 입장이니까.

커다란 성 모양의 다윗의 망대 박물관에 들어가니 성 안 정원에서 음악회가 열리고 있어. 독립 기념 축하공연이야. 박물관에 들어와 음악회까지 즐기는 행운을 누리다니.

음악 공연장 옆에는 바비큐 고기와 레몬에이드를 팔고 있어서 맛있게 먹으면서 공연을 즐길 수 있어. 히브리어로 듣는 경쾌한 리듬이 색다른걸.

바로 이 정원에서 밤이 되면 세계 최고 테크닉을 자랑하는

아들, 예루살렘에 가자

야외쇼가 있어. 이스라엘의 5000년 역사를 40분 동안 영상 속에서 여행하게 만들어. 성 벽을 자연 스크린 삼아 21세기 테크닉 예술의 최고 수준을 감동적으로 보여줘.

음악회가 계속 이어지는 동안 우리는 본격적으로 박물관을 둘러 보자. 우선 전망대로 올라가자. 예루살렘의 시가지가 한눈에 내려다보여. 황금사원 지붕도 잘 보이고. 이렇게 사방이 한눈에 보여서 예루살렘 성을 지키는 망대로 쓰였던 거야.

이 망대는 1500년대부터 400년 동안이나 이스라엘을 지배했던 오스만 투르크에 의해서 지어졌어. 자기들의 전략적 요충지로 쓰기 위해 건축했지만 견고하게 지어져 지금까지 예루살렘 성의 중요한 건축물로 남아 있어.

전망대에서 내려와 전시실을 둘러보면 시대별로 구분해서

관련 유물을 전시해놓았어. 아이들도 이스라엘의 역사를 시각적으로 쉽게 이해할 수 있게되어 있어. 그림은 입체적이고, 조각은 실물 같고, 당시대를 그대로 재현해보이는 건물 모형 등이 최고의 기술과 정성으로 이루어졌다는게 느껴져.

전시관은 아브라함이 가나안에 처음 들어왔던 시기부터 시작해서 다윗과 솔로몬의 시대, 로마 시대, 그 후 이슬람, 비잔틴, 십자군과 오스만, 마지막 영국 통치까지 시대순으로 전시되어 있어.

인상적인 것은 전시실을 둘러보는 유대인은 가족 단위인데 한결같이 아이들이 많아. 세계적으로 출산율이 낮아져 문제가 되고 있는데 이스라엘의 출산율은 평균 3명 이상이라고 해.

유대인 아빠가 지도나 유물들을 아이들에게 설명해주면 아이들이 열심히 귀담아 듣고 있네. 올망졸망 작은 아이들이 역사를 이해하며 고개를 끄덕이고 있어. 유대인의 가정 교육이 어떻게 이루어지는지 보여주는 한 장면인거 같아.

우리가 모든 전시관을 다 둘러볼 때까지 정원에서는 음악회가 계속 이어지고 있어. 2000년을 울었던 민족이었으니 이제는 저렇게 계속 노래할 수 있으면 좋겠다는 생각이 들어.

아들, 예루살렘에 가자

성 밖의 성
─다윗의 도시

다윗의 망대를 보고 나니 다윗이 살았던 성은 어디였는지 궁금하지 않니? 다윗의 성을 가려면 우리가 있는 동쪽 성문에서 서쪽 성문으로 가야 해. 성벽 둘레가 6킬로이고 가로지르는 거리가 1킬로밖에 안되니 얼마든지 성문에서 다른 성문으로 쉽게 갈 수 있어. 길 찾는게 어려워서 문제지.

가이드책에 다윗성은 서쪽 스테반 문 밖에 있다고 해서 일단 스테반 문까지 갔는데 문 밖으로 보이는 황량한 기드론 골짜기를 가로질러 가볼 용기는 생기지 않아.

이 기드론 골짜기가 성경에서 많이 나와. 감람산 쪽에서 성 안에서 들어가려면 이 기드론 골짜기를 올라가야해서 감람산 겟세마네 동산에서 기도하셨던 예수님의 발자취가 있는 곳이야. 다윗의 아들 압살롬이 다윗의 왕권에 도전할 때 이 기드론 골짜기로 도망갔어. 결국 잘생긴 압살롬에게 가장 아름다웠다는 머릿결이 나뭇가지에 걸려 죽잖아. 압살롬의 무덤도 이 기드론 골짜기에 있어.

이 기드론 골짜기를 따라 내려가면 기혼샘이 있고 이 기혼샘 물을 성 안 실라암 연못으로 끌여들였다는 히스기야의 물 터널 이야기가 유명하지. 이 히스기야 터널 위에 바로 다윗의 도시가 있어. 다윗의 성이 예루살렘 성 안에 있어야 될 거 같은데 성 밖에 있는게 좀 이상하지?

다윗이 헤브론에서 예루살렘으로 왔을때 예루살렘 성 안에는 여부스라는 민족이 살고 있었고 여부스족을 쫓아내고 나서 성 밖의 골짜기에 성을 만들었어.

돌아오는 길에 관광 안내소에서 이 다윗의 도시만 투어할 수 있는 상품이 있다는 걸 알았지만 우리의 짧은 일정에서 다윗의 도시 투어로 하루를 보내는게 망설여져. 또 다윗의 도시 땅 아래에 있는 533미터나 되는 히스기야 물 터널을 지나려면 샌들도 준비해야 하고 컴컴한 터널을 통과할 랜턴도 준비해야 해. 너에게는 허벅지까지 차가운 물길이 올라올 텐데 무섭다고 하면 터널 안에서 어떻게 해볼 방법도 없으니… 다윗의 도시는 예루살렘에 다시 올 때 하기로 하자.

히스기야 터널 이야기가 재미있으니 더 얘기해줄게.

아들, 예루살렘에 가자

지도 없이 만든 암반 터널

— 히스기야 터널

이스라엘 첫 번째 왕이 누구지?

사울

사울 다음에 누가 왕이 됐지?

다윗

그럼, 세 번째 왕은?

솔로몬

솔로몬 다음 왕은?

몰라

이스라엘이 솔로몬 다음부터 왕이 정말 복잡해져. 솔로몬 이후에는 이스라엘이 남쪽과 북쪽으로 갈라져. 남쪽을 유다라고 부르고 북쪽을 이스라엘이라고 부르기 시작했어.

남쪽 북쪽 왕이 따로 있었어. 남쪽 유다의 열세 번째 왕이 히스기야 왕이야. 많은 유다의 왕들이 하나님을 두려워하지 않고 우상숭배를 했는데 히스기야 왕은 하나님 보시기에 의로웠어.

히스기야가 스물 다섯 살의 청년으로 왕이 됐어. 왕이 되자마자 하나님의 성전을 깨끗하게 만들었어. 성전의 더러운 쓰레기를 우리가 본 기드론 골짜기에 버렸어. 오랫동안 지키지 않았던 유월절을 다시 지키게 했어. 그리고 우상숭배들을 부쉈어.

하나님께서 기쁘셔서 히스기야 왕의 모든 일이 잘되게 해주셨어. 그런데 성경에 히스기야의 왕권이 안정된 후에 앗시리아, 지금의 이란 산헤립 왕이 유다에 쳐들어왔다고 써 있어. 하나님이 사랑하시면 안정적으로 계속 있게 안 두시고 큰 문제를 주실 때가 많아.

어려움이 닥치자 히스기야가 하늘을 향해 기도하고 부르짖었고 하나님이 그 기도를 들어주셨어.

하나님이 히스기야 기도를 얼마나 멋있게 들어주셨는지 들어봐. 하나님이 한 천사를 보내셔서 앗시리아 군인 18만 5,000명을 죽였어.

앗시리아를 물리치자 히스기야의 재물과 인기가 높아졌어. 성경에 히스기야가 '모든 나라의 목전에서 높임을 받았더라(역대기하 32장 23절)'라고 기록되어 있고 다음 구절에 '그 당시에 히스기야가 병들어 죽게 되었다'라고 써 있어. 재물과 인기가 높아져 하스기야가 자기가 높은 사람이라고 여기니까 하나님이 바로 병을 주신거야.

히스기야는 하나님께 죽을 병에서 낫게 해달라고 간절하게 기도했어. 용서의 하나님이 히스기야를 안 죽이시고 15년을 더 살

아들, 예루살렘에 가자

게 해주시겠다고 약속했어. 그럼 히스기야는 그 15년 동안 하나님께 감사하면서 겸손하게 하나님의 일을 하다가 죽었어야 했지?

그런데 히스기야는 사람의 어리석음을 잘 보여주고 있어. 적군의 나라 바벨론에서 온 사람들에게 유다의 왕궁을 자랑하며 보여줬어. 하나님은 이미 선지자 이사야를 통해 유다는 앗시리아에 멸하지 않고 바벨론에게 멸하게 될 거라고 예언하셨고 히스기야도 함께 있던 이사야에게 직접 들었을텐데 적국 바벨론에게 왕궁을 보여주는 잘못을 한 거야.

히스기야와 히스기야 왕궁을 무너트리려 했던 앗시리아 왕 얘기를 알아야 히스기야 터널을 이해할 수 있어. 앗시리아 산헤립 왕이 쳐들어왔을 때 히스기야 왕은 성 문을 굳게 닫았어. 그런데 문제는 성 안에서 물을 해결하는 거였어.

그래서 성 밖에 있던 예루살렘에 물을 공급해주는 기혼샘에서부터 성 안에 있던 실로암 연못까지 지하 터널을 만들었어. 2,500명의 기술자들이 지도도 나침반도 없이 533미터의 암반 터널 길을 만든거야. 굉장하지?

4

나사렛

예루살렘과 나사렛 140킬로를
걸어다니신 예수

이스라엘에서 크리스천으로서 제일 중요한 세 곳이 예수님이 태어나신 베들레헴, 예수님이 공생애하신 나사렛, 예수님이 돌아가시고 부활하신 예루살렘이야.

그런데 다른 나라에 살던 유대인들이 이스라엘에 오면 꼭 들리는 중요한 세 곳은 달라. 예루살렘 성전이 있었던 통곡의 벽, 이스라엘을 멸망시킨 로마에 마지막까지 항전했던 마사다 성, 그리고 홀로코스트 기념관이야.

우리는 우리의 보름간의 짧은 여정으로 되도록 예수님의 발자취를 따라가는 여행을 할 거니까 마사다성은 다음 기회에 가자. 성전산과 예루살렘 성전 중심으로 둘러봤으니 감람산 쪽도 봐야 하는데, 그전에 나사렛으로 가는 게 좋을 거 같아. 예수님이 어린 시절을 보내시고 공생애하신 나사렛과 갈릴리를 먼저보고, 예수님이 부활하신 감람산으로 가는 게 순서에 맞을 거 같아.

그런데 나사렛은 우리 같은 배낭여행자들이 버스타고 가서 성경적인 장소를 둘러보기에 불편하게 되어 있어. 예루살렘에서 나사렛까지는 버스가 있지만 나사렛과 주변을 편하게 돌아볼 수 있는 교통편이 없어. 이럴 땐 우리 둘만의 스케줄을 포기하고 단체로 이동하는 스케줄이 있는지 알아보는게 낫겠지.

관광 수입이 중요한 이스라엘은 역시 관광객을 위한 프로그램이 잘되어 있어. 예루살렘에서 나사렛까지 하루에도 다녀올 수 있는 프로그램이 있어. 나사렛을 여러 날 여유있게 둘러볼 수 있으면 좋겠지만 다음 기회로 미루자. 이번 여행은 되도록 예루살렘에 집중하는 걸로 생각하고 있거든.

예루살렘에서 나사렛까지 140킬로, 버스로 4시간, 차로 3시간 정도 걸려. 예수님은 걸어다니셨는데 5일은 걸렸어. 얼마나 덥고 힘든 길이었을까?

아들, 예루살렘에 가자

호텔의 안전요원이
젊은 아가씨

우리가 나사렛 투어 미팅 장소인 한 호텔에 새벽 일찍 도착했을 때 호텔 안전요원과 얘기할 기회가 있었어. 호텔 주차 통과 관리원도 젊은 여자고 호텔 안전요원도 젊은 여자라서 신선했어. 이스라엘에서는 여자와 남자의 직업이 구분되는 선입견을 깨야될 거 같아.

호텔 입구를 지키는 젊은 아가씨 안전요원은 고등학교를 졸업하고 열여덟 살부터 스무 살까지 2년 동안 군대에 있었대. 군 의무를 마칠 때 정부로부터 받은 돈은 대학 공부하는 데 썼고. 그런데 돈이 많은 부모를 가진 일부 여자 친구들은 돈을 이용해서 군에 가지 않기도 했다고 해. 이탈리아를 여행했다고 자랑하는데 성인식할 때 받은 돈으로 여행할 수 있었는데.

이스라엘은 열세 살 때 '바르 미츠바(bar mitzvah)'라고 하는 성인식을 하는데 성인식에 많은 돈이 들어와. 보통 5,000만 원 정도 돈이 생긴대. 부모들은 어떻게 돈을 늘릴 수 있는지 아이에게 실제로 가르치기 시작해. 그래서 대학을 졸업할 즈음에 1억

정도의 돈이 있게 된대. 유대인은 스물세 살쯤에 부모로부터 경제적 독립을 할 수 있어.

너에게 이런 목돈을 줄 만한 친지들이 없고 성인식에 돈을 주는 문화가 아닌게 안타까워지는 걸. 자녀들 성인식을 위한 동아리나 계조직같은 것을 만들어서 각 자녀가 성인식할 때 챙겨주면 어떨까? 그럼 지금처럼 대학을 졸업하고도 취직을 못해 슬픈 한숨을 쉬어야 하는 일이 없을 거 아냐. 1억을 가지고 뭐라도 시작할 수 있을테니까.

성인식 때 어떤 부모들은 아이의 독립심을 키워주기 위해 혼자 배낭여행을 멀리 보내기도 해. 돈을 주지 않고. 서바이벌 훈련을 해보라는 거지.

유명한 얘기가 있어. 쉘(shell)이라는 주유소 회장이 유대인인데 그분의 부모가 성인식 기념 서바이벌 배낭여행을 보냈어. 미국 유대인인데 멀리 일본으로 가는 비행기를 태웠어. 어린 소년 유대인은 돈도 없이 일본에 도착해서 일본의 해변가에서 시간을 보냈는데 해변의 조개들이 예뻐서 조개를 모아 미국 부모에게 보냈어. 사업가 부모는 그 조개를 보고 바로 아이디어를 생각해냈어. 고급 옷에 다는 단추로 쓰기 시작했어. 아들은 계속 조개를 보내고 아빠는 조개 단추 만들어서 부자가 되었다는 전설같은 이야기야. 그리고 조개 단추로 모은 돈으로 주유소를 차리고 이름은 쉘(조개)이라고 지었어.

아들, 예루살렘에 가자

군대,
여자도 무조건 가야 해

호텔 안전요원을 하는 아가씨가 군대를 갔다 왔다는 말이 군에 지원했다는 말이 아니야. 이스라엘 군대 얘기를 좀 해줄게.

이스라엘 시민은 군대에 무조건 가야해. 고등학교 졸업하고 대학가기 전에 가. 군대가 의무가 아닌 나라의 남자들은 보통 고등학교 졸업하면 대학 가서 더 공부하거나 사회 생활을 시작하지만 이스라엘에서는 그 어떤 것보다 나라를 지키는게 더 중요해. 나라가 위험에 처하면 개인이 원하는 것도 할 수 없다는 것을 지난 2000년 동안 뼈저리게 배웠거든.

제대해도 쉰네 살까지 민방위 군으로 계속 군인의 훈련을 받으니까 할아버지 되기 전까진 언제든지 전쟁에 임할 준비를 하고 있다고 보면 돼.

네가 태어난 이탈리아는 몇 년 전까지만 해도 남자는 군대 가는게 의무였는데 이제는 직업 군인만 뽑으니까 이탈리아 남자들이 한편으로는 남자다운 씩씩함이 없어지는 것 같기도 해. 이탈리아 남자들은 군대 안 가서 좋아하지만 나라가 위험할 때 얼

마나 이탈리아 국방력이 있을지 의문이 생겨. 그리고 많은 이탈
리아 사람들은 근거없는 안심을 하는 거 같아. 다른 나라의 침략
이 없을 거라는 안이한 생각 말이야. 혹시 마피아들의 뒷심을 믿
고 있는 걸까?

텔아비브는
미니 아메리카

투어 봉고차에 타니 대부분 미국인 관광객이 타고 있고 유럽과 남미 쪽 몇 사람이 있네. 우리 앞자리에 앉은 여자가 등이 파인 옷을 입고 있는데 등에 십자가 예수 문신이 그려져 있어. 이런 문신을 그것도 등에 새긴 것을 처음 봐.

예루살렘에서 한 시간 정도쯤 가니 3000년의 시간을 훌쩍 넘은 화려한 도시가 펼쳐져. 사막 땅에 어떻게 이런 현대적인 도시가 생길 수 있었을까? 고층 빌딩 숲을 이룬 미니 아메리카처럼 보여. 사막의 도시 라스베이거스보다 더 화려해.

그런데 투어 차량의 기사이자 가이드인 유대인 아저씨의 운전이 영 불안해. 쌩 달리다 급브레이크 밟고 길이 꺾어질 때도 속도를 제대로 줄이지 않고… 무사히 예루살렘에 되돌아갈 수 있을지 걱정되기 시작해. 아저씨가 내 불안함을 눈치챘는지 차 안전띠를 꼭 해달라고 얘기하네. 우리의 안전보다 안전띠 안 하면 200세켈 벌금 무는 것을 염두해서 였겠지만.

이스라엘 사람들은
이스라엘 주변 국가를 여행할 수 없다

텔아비브를 벗어나기 전에 라마트 간(Ramat Gan)이라는 지역을 지나는데 이곳이 유명한 다이아몬드 시장이야. 전 세계의 최고 다이아몬드 딜러들이 이곳에 모인다고 하니 이곳에서 거래되는 돈이 얼마나 될까?

이스라엘 다이아몬드는 세계적으로 유명해. 다른 나라에서 핍박 받으며 쫓겨날 때가 많아서 어느 나라에서나 돈으로 바꿀 수 있는 다이어몬드를 재산으로 모았어. 원석을 싸게 사서 가공한 다음 비싸게 팔았어. 눈물의 사연을 가진 다이아몬드이지만 그 덕분에 지금은 세계에서 최고의 다이아몬드 부자가 되었어.

부자가 된 이스라엘을 제일 미워하는 이들이 바로 이스라엘 주변 나라들이야. 이스라엘과 평화롭게 지내며 이익을 함께 만들어가기 보다는 이스라엘을 지중해 바다로 던져버리고 싶어 벼르고 있어. 그렇게 미워하니 이스라엘 사람들이 자기네 땅에 들어오는 것도 허락하지 않아.

거대한 유럽땅에 수많은 나라가 있어도 동서남북으로 자유

아들, 예루살렘에 가자

롭게 오가잖아. 하지만 이스라엘 사람들은 주변 국가인 시리아,
요르단, 이라크 같은 나라를 자유롭게 갈 수 없어.

　남의 나라 얘기 같지 않아. 한 나라이면서 갈라진 우리나라
를 생각해봐. 같은 나라에서 전쟁을 하고 50년 넘게 분리되어 서
로 오갈 수가 없잖아.

변화산의 드라마
주연 예수, 조연 모세와 엘리야

텔아비브를 지나 얼마쯤 가서 유대인 기사 아저씨가 멀리 보이는 산이 변화산이라고 해서 깜짝 놀랐어. 변화산을 멀리서나마 볼 수 있다니. 눈을 크게 뜨고 잘 보려고 애써봤지만 그저 멀리서 언덕처럼 보일 뿐이야.

저 산을 예수님이 베드로, 야고보, 요한을 데리고 올라가셨고, 제자들이 보는 앞에서 '얼굴이 해같이 변하고 옷이 빛과 같이 희게 변화'하셨어. 그리고 모세와 엘리야가 나타났어. 구약의 큰 인물 모세와 엘리야가 예수에게 나타나는 것은 모세와 엘리야가 예수라는 주연을 높이기 위한 조연에 불과했음을 명백히 보여주는 거라는 생각이 들어. 예수를 믿지 않는 유대인들이 이 성경 구절에 심장이 멈출 듯 예수가 메시아임을 깨달을 수 있기를.

동굴 소녀에게 찾아온 천사

－수태고지 교회

하나님은 천사의 이름도 지으셔. 성경에 천사 이름이 나오는데 유명한 이름이 미카엘과 가브리엘이야. 미카엘은 군대 지휘관 같은 천사이고 가브리엘은 하나님의 말씀을 전하는 메신저 천사야.

하나님이 가브리엘 천사를 처녀 마리아에게 보내셨어. 마리아가 성령으로 아기를 낳을 거라고 했어. 가브리엘 천사가 아기 예수 탄생을 알려준 곳이 마리아의 집이었고 마리아의 집 터에 만들어진 교회가 바로 이 수태고지 교회야.

수태고지 교회는 우선 그 웅장한 건축 규모에 압도되는거 같아. 들어가는 정문이 청동으로 되어 있고 예수님의 생애가 묘사되어 있어. 교회 안으로 들어가면 중앙에 동굴이 아래로 보이는데 마리아의 집이었대. 천사를 만났다는 장소에 제단이 놓여 있어. 마리아는 가난했기 때문에 동굴을 집처럼 만들어서 살았어. 이런 가난한 동네 가난한 집 동굴 안으로 가브리엘 천사가 찾아온 거지.

로마의 콘스탄티누스 황제가 기독교를 인정하고 황제의 어머니였던 헬레나는 이스라엘의 성경적인 많은 장소에 교회를 세웠어. 이 수태고지 교회도 헬레나가 4세기 때 지어졌어. 물론 4세기 때 지어진 교회는 무너졌고, 지금 보이는 이 엄청나게 큰 교회는 1960년대 이탈리아 건축가가 지은 거야.

교회 천정은 마리아의 순결함을 상징하는 백합화 모양으로 되어있고 교회 양쪽 벽면에는 세계 각국에서 이 교회에 기증한 마리아 모자이크가 있어. 각 나라의 전통 의상을 입은 마리아와 아기 예수. 일본 기모노를 입은 마리아 모자이크는 진짜 진주로 만들었대. 한복 입은 마리아는 어디 있는지 찾아봐.

성경의 내용을 그리는 그림을 종교화라고 하는데 이 종교화를 이해하는 것은 쉬워. 성경 인물들의 특징만 이해하면 돼. 예를 들면 그림에 천사가 보이고 앞에 예쁜 여자가 있으면, 수태고지인거지.

어떤 남자가 커다란 열쇠를 쥐고 있으면 누굴까? 베드로. 예수님이 천국의 열쇠를 베드로에게 주셨잖아. 성경을 이해하면 그림의 세계까지 눈이 넓어질 수 있는거야.

아들, 예루살렘에 가자

예수가 어린 시절을 보낸
요셉의 동굴집

마리아의 집에서 50여 미터쯤 가면 요셉의 집터가 있어. 가난한 요셉도 동굴에 살았어. 동굴은 당시 석회암(limestone)으로 지어졌는데 석회암이 깎기가 쉽대. 우리가 보았던 베들레헴 동굴들도 석회암이었어. 자연 동굴도 있지만 얼마든지 파내어 집 구조로 만들 수 있었다는 거지. 석회암 동굴이 여름엔 시원하고 겨울엔 따뜻하데.

요셉은 목수였기 때문에 이 집에서 나무 깎는 일을 했었어. 예수도 요셉으로부터 목수일을 배웠겠지. 벽쪽에 스테인드 글라스가 있는데 색유리로 그림을 짜맞추는 거야. 옛날엔 글자를 모르는 이들이 많아서 저렇게 스테인드 글라스 같은 그림으로 사람들에게 성경을 알려줬었어.

요셉의 집터에 있는 스테인드 글라스는 요셉의 꿈에 천사가 나타나는 장면, 마리아와 요셉이 결혼하는 장면, 그리고 요셉이 죽는 장면이 있어. 성경에는 요셉이 죽은 장면이 나오지 않아. 예수가 십자가 위에서 제자 요한에게 어머니 마리아를 잘 돌봐달라고 부탁하는 장면이 있어서 요셉이 예수의 십자가 사건 전에 죽었다는 것만 짐작할 수 있을 뿐이야.

요셉의 집 한 구석에 물을 받아두는 곳이 보여. 이스라엘은 겨울에 비가 오고 여름에는 비가 오지 않으니, 겨울에 물에 받아 놨다가 여름에 사용하고 했대. 이 요셉의 집에서 어린 시절을 보냈을 예수의 모습은 어며했을까 참 궁금해.

아들, 예루살렘에 가자

유대인이 여자와 악수를
안 하는 이유

나사렛의 수태고지 교회와 요셉의 집을 보고 가나로 이동할 때 유대인 가이드 아저씨한테 유대인이 왜 여자와 악수를 하지 않는지 물어보았어. 예루살렘 고아원 방문했었을 때 유대인 교사가 내 악수를 거절했었던 이유가 궁금했거든.

토라에 의해 정결하지 않은 동물과 여자를 만지지 말라고 했기 때문이래. 그런데 어떤 여자가 정결한지 아닌지 알 수 없어서 아예 악수도 하지 않는다는 거야. 혹 스쳐지나 가면서라도 닿을까봐 긴 소매를 입고 다니는거구. 버스에서도 다른 여자와 함께 같이 앉지 않는데. 비행기에서도 마찬가지여서 만약 옆에 여자가 앉게 되면 난리를 치며 비행기에서 내리겠다고 한대.

예수님은 포도주를 만드시지만
드시지는 않아

　나사렛에서 갈릴리 가는 길목에 가나를 지나게 되는데, 나사렛에서 차로 15분쯤 이동하면 돼. 가나는 예수님이 첫 번째 기적을 행하신 곳으로 유명하지.

　예수님이 유대 광야에서 40일 동안 아무것도 먹지 않은 후 사탄과 싸워 이기셨고, 그리고나서 나사렛 마을쪽으로 사흘 길을 걸어오셨어. 성령으로 충만하신 때에 어머니 마리아의 친척 집인 것 같은 혼인 잔치에 초대되셨어.

　예수님이 잔칫집에서 물을 포도주로 바꾸는 기적을 행하셨어. 하지만 예수님이 포도주를 드셨다는 말씀은 성경에 없어. 마가의 다락방에서 제자들과 나누었던 포도주도 알코올 와인이 아니라 와인이 되기 전의 포도 주스였어.

　예수님의 첫 번째 기적이 포도주인 이유는 예수님의 마지막 만찬에서 알려주셔. 포도주가 그리스도의 보혈이라는 것을.

　예수님의 첫 기적의 현장이 혼인 잔치인 것은 예수님이 다시 오실 때 우리의 신랑으로서 오시기 때문이야. 그래서 우리에게

아들, 예루살렘에 가자

신랑을 곧 맞이할 신부처럼 준비하라고 하셨어. 그러면 우리가 하늘의 혼인 잔치에 들어갈 수 있는 거야.

포도주 기적에 관한 농담 하나 해줄까?

한 경찰이 음주 운전자의 차를 세웠어. 운전자 옆에 병이 보였는데 음주 운전자는 물이라고 우겼어. 그러자 경찰이 운전자가 마시다 남긴 병을 마셔봤어.

"물이 아니라 포도주잖아?"

차 운전자가 깜짝 놀라 기뻐하며 이렇게 말했어.

"그래요? 오, 예수님 감사합니다. 물이 포도주로 변하는 기적이 제게도 일어나게 해주셨군요!"

사막을 녹색지대로
만들다

나사렛에서 갈릴리로 가는 길에는 녹색지대가 펼쳐진단다. 원래는 버려진 황무지였는데 벤구리온 대통령의 정책에 의해 많은 나라로부터 기금을 받아 이루어졌어.

사막 황무지에 피와 땀을 쏟아 그린벨트로 만드는 이스라엘. 사막에서 수십 미터를 파서 물을 끌어올리고 땅을 일구고 그러다 살인 햇볕과 해충에 의해 많은 이들이 죽었지만 끝내 기적을 만드는 이스라엘. 사막을 녹색지대로 만든 강인한 정신은 사막에서 40년 동안 훈련받은 조상으로부터의 정신이지 않을까?

아들, 예루살렘에 가자

5
갈릴리

예수의 특별한 여자
―막달라 마리아

가나에서 갈릴리로 향해 가는 길에 막달라 마을을 지나. 귀신 들렸었던 막달라 마리아가 이 마을 여자였던거야. 성경에 마리아 이름이 자주 나오니까 어느 마리아인지 신학자들조차 혼동스러워해. 막달라 마리아를 창녀 마리아라고도 하고, 예수 발에 향유를 부은 마리아가 나사로의 동생 마리아라고도 하고.

막달라라는 마을은 당시 부자 동네였고 막달라 마리아도 예수님을 물질로 도왔다고 누가복음 8장에 나와. 그런 부유한 여자가 창녀였을리가 없지. 성경에 나오는 모든 마리아를 한 여자처럼 섞어 놓은 사람이 있는데 6세기 교황 그레고리우스 1세였어. 교황은 마리아가 귀신들린 것은 창녀의 죄를 지었기 때문이라고 주장했어. 그 후 1400년 동안 막달라 마리아가 창녀가 되어버린 명예 훼손은 어떻게 회복되어야 할까?

성경의 막달라 마리아는 예수가 사랑한 제자로서 많은 축복을 받았어. 예수님이 십자가 지고 가시는 길을 따랐고, 십자가의 예수님을 보고 다른 남자 제자들이 겁먹고 다 도망갔을 때 마지

165
갈릴리

막까지 지켰어. 예수의 장례도 끝까지 지켜보았어. 예수의 빈 무덤 밖에서 슬퍼 울고 있을 때는 천사가 나타나 마리아에게 예수의 부활을 알려줬어. 마리아는 예수의 제자들에게 부활의 소식을 전해줬어.

예수님에게 남자 제자가 12명이나 있었지만 예수님의 마지막 십자가 고난과 부활을 경험한 축복은 막달라 마리아만이 누렸던 거야. 예수의 어머니 마리아도 누리지 못한 복이야.

아들, 예루살렘에 가자

일곱 샘에서의 기적

―오병이어

나사렛에서 출발한 우리 차가 가나를 지나고 막달라를 지나 갈릴리의 타브가(Tabgha)라는 마을에 도착했어. 타브가는 일곱 샘(seven spring)이란 뜻이야. 옛날에 7개의 샘이 이곳에서 만나 갈릴리 바다로 흘러 내려갔어. 지금은 5개의 샘만 남았어.

예수님이 이곳에서 다섯 개의 빵과 두 마리 물고기로 5,000명을 먹이셨어. 어른 남자만 5,000명. 바구니가 계속 채워지는 풍경을 이해하기 어렵지만 세상 만물을 말씀으로 만드신 하나님의 아들이신 분이 바구니에 빵을 채우는 게 뭐가 어려웠겠어.

우리는 하늘에 해와 달이 떨어지지 않고 떠 있고, 수억의 별들이 서로 부딪치지 않고 있는 것에는 둔감하고, 배고플 때 빵이 생기는 것은 놀라워한다니까.

숫자 의미를 연구하는 학문에서 오병이어 기적을 숫자의 의미로도 이해할 수 있다고 얘기해. 다섯 개의 빵과 두 개의 물고기에서 5는 '유대인'의 수를 얘기하고 2는 '증거' 수를 얘기한데. 12 바구니가 나중에 남았는데 12는 '꽉찬' 수인거야.

오병이어 기적 다음에 칠병이어 기적(마가복음 8장)도 일어났는데, 칠병이어 숫자는 다르게 해석되는거지. 칠병이어로 4,000명을 먹이셨는데 4는 '세상'의 수를 의미하고 7은 '완전' 수야. 따라서 숫자를 통해 이 두 기적을 이해해볼 때 오병이어는 유대인을 향한 하나님의 사랑, 칠병이어는 세상 사람들을 향한 하나님의 사랑이라고 이해할 수 있어.

그리고 오병이어는 12 바구니에 음식이 남았지만 칠병이어는 7 광주리에 남았어. 바구니보다 광주리가 훨씬 크니까 '바구니'같은 처음 믿음에서 '광주리'같은 믿음으로 커지라는 의미로 생각해도 되지 않을까?

타브가의 오병이어 교회 안으로 들어가면 예수님께서 빵과

아들, 예루살렘에 가자

물고기를 올려놓고 하나님께 감사의 기도를 드렸던 바위가 있
어. 그리고 바위 앞 바닥에는 오병이어 그림이 모자이크 되어 있
어. 저 모자이크를 카피해서 기념품용으로 만들어 관광객에게
많이 팔고 있어. 우리도 오병이어 모자이크 그림이 그려진 장식
용 접시를 사자.

아빠가 쇼핑하지 말랬잖아요.

아빠 잔소리를 그대로 따라하다니, 많이 컸구나.

나를
사랑하느냐

오병이어 교회에서 200미터 거리에 베드로수위권 교회가 있어. 이곳에서는 감동적인 이야기가 담겨 있어.

베드로가 예수님이 십자가 형을 받게 되었을때 무서워서 예수를 세 번 부인하고 도망갔어. 그리고 다시 갈릴리로 돌아와 예전처럼 고기를 잡았어. 부활하신 예수님이 베드로를 찾아오셨어. 그리고 베드로가 예수를 세 번 부인했듯이 예수가 베드로에게 세 번 물으셨어.

나를 사랑하느냐

베드로는 예수를 부인하고 울었듯이, 예수가 사랑하냐고 물었을때 울었어. 예수가 베드로의 배신을 용서해줘서 울었고 예수의 사랑이 어떤 깊이의 사랑인지 비로소 깨닫고 운 거야. 이런 감동의 장면이 있었던 곳에 베드로수위권 교회가 세워졌어.

우리는 살면서 수없이 많은 배신의 상처를 받아. 너의 삶에도 수많은 상처가 날거야. 그럴때 쓸쓸한 바닷가에서 외롭게 앉아 있던 베드로를 찾아오신 예수님을 생각해봐. 배신한 이의 눈

아들, 예루살렘에 가자

물을 닦아주시고 너를 사랑한다는 말 대신 나를 사랑하냐고 물으
셨던 그분을 떠올려봐.
　갈릴리

위로하는 자의 마을

— 가버나움

　갈릴리 호수 북서쪽에 위치한 가버나움(Capernaum)은 '나움이란 선지자의 마을'이란 뜻이야. 구약성경 미가와 하박국 사이에 나훔(Nahum)이 있어. 지금의 이라크인 앗시리아가 멸망할 것을 예언한 책이야. 나훔이란 이름의 뜻은 위로하는 자(comforter)이니 가버나움은 '위로하는 자의 마을'인 거지. 위로하는 자는 누굴까?

　가버나움은 예수님이 기적을 제일 많이 행하신 곳으로 유명해. 예수님 때 가버나움은 갈릴리에서 잡은 고기들을 메사포타미아 쪽으로 팔았던 시장이었어. 가버나움 언덕에서 갈릴리 호수가 아래로 잘 내려다 보이잖아. 저렇게 넓은 호수니까 바다라고 표현되기도 한거야.

　당시 가버나움에 1,500명의 주민이 살고 있었고 그중 베드로나 안드레아같은 많은 어부들이 이곳에 모여 있었어. 예수님은 이곳에서 예수님의 제자들을 찾으셨어. 베드로, 안드레아, 야고보, 요한이 이곳에서 예수의 제자로 선택됐지. 이 가버나움에

아들, 예루살렘에 가자

는 주민의 세금을 거둬들이는 세관이 있었어. 그 세관의 세리였던 마태가 예수의 제자가 되었어.

예수님은 가버나움에서 제자를 만드신 후 두 가지를 중심적으로 하셨어. 하나님의 말씀을 가르치는 것과 아픈 사람들을 고쳐주는 것. 가버나움 회당에서 예수님이 생명의 떡에 관해 말씀하신 것은 유명하지.

〈내가 곧 생명의 떡이니 내게 오는 자는 결코 주리지 아니할 터이요 나를 믿는자는 영원히 목마르지 아니하리라〉(요한복음 6:35).

우리가 가버나움에 도착해서 제일 먼저 간 곳이 베드로 집이야. 베드로 장모가 열이 나서 많이 아팠을 때 예수님이 이 집을 찾아와 고쳐주셨어. 교회가 팔각형의 배 모양으로 특이하게 지어졌지.

회당장이었던 야이로의 딸을 예수님이 살려주셨잖아. 야이로가 바로 이 가버나움 회당장이었어. 야이로의 딸을 살려주러 예수님이 걸으실 때 예수님의 옷에 몰래 손을 대어 혈루증이 나은 여자이야기도 있고.

한 중풍병자를 그의 네 친구가 예수님께 데리고 온 곳도 가버나움이었어. 예수님이 계신 곳에 사람들이 너무 많아 들어갈 수 없어 지붕을 뜯어 구멍을 내고 중풍병자를 예수님 계신 곳으로 내렸다는 얘기 있잖아.

당시 지붕은 흙, 석회암, 건초, 재 이 네 가지를 섞어서 만들었는데 쉽게 구멍을 낼 수 있었대.

예수님이 귀신들린 자의 귀신을 쫓아내신 곳도 가버나움이야. 가버나움 회당에서 더러운 귀신들린 사람이 예수를 하나님의 거룩한 자라고 했어. 가버나움 사람들은 예수가 누구인지 알지 못했는데 귀신들린 자는 예수를 알아봤어.

한 왕의 신하가 예수님께 아들의 병을 고쳐달라고 한 곳도 가버나움이야. 예수님이 왕의 신하 집에 가지 않고 왕의 신하에게 아들이 살았으니 가라고 말씀하셨어. 왕의 신하가 예수님의 말씀을 믿고 갔더니 아이가 살았고 아이가 살아난 시간이 예수님이 살았다고 말씀만 하셨을 때였어.

그러니까 우리는 예수님이 우리와 함께 살고 계시지는 않지만 예수님의 말씀은 계속 살고 계시는 중이니까 우리가 예수님 말씀으로 생명의 떡도 먹고 아픈 것도 치료 받을 수 있는 거야.

가버나움의 한 로마 백부장은 예수님이 직접 만지지 않아도 말씀만으로도 고쳐질 수 있다는 것을 믿었어. 백부장이 예수님께 중풍병 걸린 하인을 고쳐달라고 할 때 말씀만 해달라고 했잖아. 그래서 예수님이 이스라엘 중 이만한 믿음을 만나보지 못했다고 칭찬해주셨어.

이렇게 많은 기적이 가버나움에서 일어났는데도 가버나움 사람들은 예수를 하나님의 아들로 믿지 않았어. 예수님은 가버

아들, 예루살렘에 가자

나움을 소돔보다 못한 도시로 비유하시고 폐허가 될 거라고 예언

하셨어. 실제로 가버나움은 버려진 폐허가 되었어.

그늘이 되어 주신다는 것은
살려주신다는 것

베드로 교회 옆에 있는 2000년 전 옛 집터를 봐. 이 주거의 흔적들을 보면 당시 얼마나 작은 집에 살았는지 알 수 있어. 예수님이 살았던 1세기의 집 벽은 현무암이라는 검은 돌이었어. 당시 가버나움 건축물은 현무암(basalt)과 화산암(volcanic rock)으로 만들었어.

4세기 비잔틴 시대에 무너진 검은 현무암 벽 위에 하얀 석회암(limestone) 벽을 쌓았어. 그래서 벽을 보면 아래는 검은색 위쪽은 하얀색이야. 집 지붕은 종려나무 가지로 덮었어. 여름에는 시원했겠다.

오늘 42도인데 한 여름에는 50도까지 오른다고 하니 그늘이 없으면 죽을 수도 있는 살인 더위야. 성경에 하나님이 우리의 그늘이 되어주신다는 말씀이 시원하게 해주신다는 의미가 아니라 죽을 수도 있는 햇볕으로부터 살려주신다는 의미라는 걸 오늘 알았어.

아들, 예루살렘에 가자

예수님도 믿고 읽으신 구약을
우리가 왜 의심하나

예수님이 하나님 말씀을 가르치셨던 시나고그에 가보자. 집 터 바로 옆에 있어. 유대인의 모든 회당 문은 예루살렘을 향해 만들어져. 예루살렘이 가버나움 남쪽에 있으니까 저 문이 남쪽을 향해 있다는 것을 알 수 있어. 예수님이 이 회당에서 어떤 성경 구절을 읽으셨을까 궁금하지? 성경에 기록된 것 중에 이사야 61장이 있어.

〈주 여호와의 신이 내게 임하셨으니 이는 여호와께서 내게 기름을 부으사 가난한 자에게 아름다운 소식을 전하게 하려 하심이라 나를 보내사 마음이 상한 자를 고치며 포로된 자에게 자유를, 갇힌 자에게 놓임을 전파하며…〉

예수님도 구약성경을 하나님의 말씀으로 읽으셨다는 게 아주 중요한 거야. 일부 신학자들조차 구약성경이 하나님의 성령으로 온전하게 쓰인 것은 아니라고 주장하고 있는데 예수님이 하나님, 성령님과 합하여 구약을 쓰신 저자이시거든. 구약을 쓰신 분이 신약 시대에 태어나 구약을 읽으시며 틀렸다고 지적하신 것이 없는데, 모든 예언의 말씀이 다 이루어지고 있는 신약의 마지막 시대에 사는 우리들이 예수님보다 똑똑한 것처럼 판단하면 안 되겠지?

7개의
이스라엘 대표 과일

나사렛 갈릴리 지역은 너무 더워 반쯤은 몽롱한 상태가 되는 거 같아. 석류 쥬스를 파는 곳이 있다는게 고마울 지경이야. 석류는 이스라엘 대표 과일 중 하나야.

이스라엘에 7개의 대표 과일이 있어. 힌트는 이 가버나움 건물 주변에 작은 유적 조각들 모아진 곳을 보면 돼. 건축물 장식으로 과일 모양을 그려 넣은 것들이 많거든. 석류, 포도. 무화과, 올리브, 대추야자. 그리고 과일이라기보다 곡물에 해당되는 밀과 보리가 있어. 그래서 성경을 읽다보면 이 7개의 과일들이 정말 많이 얘기되고 있는 거야.

갈릴리 호수에선
베드로 물고기 먹기

갈릴리 호수엔 아주 유명한 메뉴가 있는데 바로 베드로 물고기. 그러니까 우리도 꼭 먹어봐야겠지. 하얀 생선을 통째로 양념 없이 튀긴거라 담백해. 중동 나라 향신료를 넣어 요리했다면 입맛에 안 맞을 수도 있는데 다행이야.

튀긴 생선에 감자 튀김을 주니까 너도 맛있게 먹는구나. 서

양식 피시 앤 칩스(fish and chips)가 아니라 이스라엘식 베드로 피시 앤 칩스야. 종려나무 열매를 달게 절인 디저트도 정말 맛있는걸. 이 중동 나라 쪽에도 맛 좋고 몸에 좋은 먹거리들이 정말 많은 것 같아.

갈릴리 호수에서 베드로 물고기까지 먹었지만 베드로 배를 타보지 못하고 가는 것은 아쉬워. 아쉬운 마음을 재미있는 농담으로 달래볼까?

어떤 남자가 갈릴리 호수에 배를 빌리러 와서 배 타는 요금이 얼마냐고 물었어. 배 주인이 1,000세켈이라고 했어. 한국돈으로 30만 원이야.

너무 비싸니까 배값을 물어본 남자가 놀라며 말했어.

"예수님이 왜 배를 안 타고 걸어가신지 이제 알겠습니다!"

요단강에서 침례해보고 싶어
—야르데니트(Yardenit)

예루살렘으로 돌아가기 전에 꼭 하고 싶었던 요단강 침례를 하자. 요단강은 갈릴리에서부터 사해까지 흘러가는 강이야. 직선 거리는 100킬로이지만 요단강이 구불구불 흐르기 때문에 실제 흐르는 길은 220킬로야. 갈릴리가 해저 200미터이고 사해가 해저 400미터야. 100킬로 길이에 200미터밖에 높낮이가 차이나지 않아 천천히 흐를 수밖에 없어.

우리가 있는 갈릴리쪽 요단강은 예수님이 침례 받으셨던 곳은 아냐. 예수님은 여리고 근처 요단강에서 침례 받으셨어. 여호수아가 건넜던 요단강도 같은 지역 요단강이었어.

그런데 왜 갈릴리 호수 근처에 요단강 침례터가 생겼냐면 6일 전쟁 전에 여리고 쪽이 요르단의 점령지였거든. 그래서 이스라엘 사람들이 이 갈릴리 근처에 새로운 침례 장소를 일부러 만든 거야. 예수님의 침례 장소는 아니지만 같은 요단강이니 이곳에서 몸을 담가보는 게 아주 의미가 있을 것 같아. 그리고 여리고 쪽보다 깨끗하지 않겠어?

아들, 예루살렘에 가자

야르데니트(Yardenit)라는 이 요단강 침례터에 매년 40만 명 정도의 성지 순례객이 찾아와. 기념품 가게에서 가톨릭 세례 받는 하얀 가운을 파니까 많은 사람들이 그 옷을 입고 강에 들어가고 있네. 우리는 그냥 들어가자.

침례 요한한테 침례 받았던 사람들이나 예수님이 저런 하얀 가운 입었던 건 아니니까. 2000년 전 예수님의 침례를 생각하며 우리도 예수님의 영적 강에 침례 받기를 원한다는 마음으로 물에 들어가면 돼.

그런데 너는 우리가 물놀이 온 걸로 착각하고 물장난하며 나올 생각을 안 하네. 그러더니 엄마하고 같은 생각을 동시에 하더라.

다음엔 꼭 아빠하고 여기 또 와요!

갈릴리

몰약 같은
그리스도의 향기

요단강 침례를 마치고 해저 200미터의 갈릴리 마을에서 해발 700미터의 예루살렘으로 올라온다는 것은, 40도가 넘었던 낮 온도에서 20도의 저녁 온도를 적응해야 한다는 거였어.

몸이 이상해지며 목이 아프네. 결국 감기에 걸렸어. 중요한 올리브 산 쪽을 둘러봐야 되니 제발 여행 끝날때까지 누워 있어야 될 정도로만 아프지 않기를…

2000년 전에도 나사렛과 예루살렘을 오가는 사람들이 감기에 걸렸을까? 건강하게 걸어다니고 몸에 좋은 '야생초'들이 많았을테니 지금 현대인만큼 몸이 약하진 않았을 거 같아. 그러고보면 성경에서 약으로 쓰였다는 얘기들이 거의 없는 거 같아. 식물 이름들은 많이 나오는데.

그중 가장 궁금한 식물이 몰약이야. 예수님이 태어나셨을 때 동방박사가 선물했고, 예수님이 돌아가시기 전 몰약을 탄 포도주를 거절하셨어. 예수님이 돌아가신 장례식에 니고데모가 몰약을 가져와 예수의 장례를 치렀어.

니고데모는 유대인 최고 의회 의원이었고 밤에 몰래 예수를 찾아왔었어. 예수가 물과 성령으로 거듭나지 않으면 하나님 나라에 갈 수 없다고 하셨지. 그 후 정말 니고데모가 거듭나서 예수의 장례식에는 의원의 신분이 아닌 예수의 제자로서 장례 선물을 가져온 거야. 니고데모의 재력으로 비싼 몰약을 가져올 수 있었던거구.

몰약은 비쌌고 주로 진통제로 쓰였어. 지금 목 아프고 머리 아프니 몰약 좀 먹어볼 수 있으면 좋겠는걸.

몰약은 몰약나무에서 나오는 진액이고 몰약나무는 깎을수록 몰약 향기가 더 진하게 퍼진대. 마치 크리스천들이 박해 받을수록 더 그리스도의 향기가 퍼져나가는 것처럼….

6

올리브 산

예루살렘 성문에서
김치 먹다

감기로 밤새 기침하며 잠을 설쳤는데 희안하게 아침에 새로운 기운이 나네. 몰약이라도 먹은 듯한 느낌. 예루살렘에 머물고 있는 것만으로 몰약을 먹고 있는 듯한 느낌이랄까.

오늘은 예수님 승천하신 올리브 산으로 가자. 올리브 산은 소매치기가 많고 위험해서 개인 여행은 피하라고 많은 사람들이 충고하니 올리브 산 단체 투어를 할거야.

올리브 산 투어도 야파에서부터 시작해. 우리가 야파 문을 자주 오다보니 야파 문에서 하얀 그리스식 옷을 입고 하프를 치는 여자 거리 악사하고 눈인사하는 사이가 됐어. 아름다운 하프 음악을 들으며 시원한 성 문 안쪽 돌바닥에 앉아 쉬는 게 우리의 야파 문 쉼터가 됐어. 마침 민박집에서 한식 도시락을 싸줘서 그곳에서 먹을 수 있었어. 예루살렘 성문에서 먹는 밥과 김치라니 왠지 더 짜릿한 걸!

올리브 산을 힘들게 오르고 내릴 각오를 하고 왔는데 투어가 시작되니 산 정상까지는 차를 타고 올라간대. 내려올 때는 걸어서 내려오고. 엄마는 걸어서 올라가고 싶지만 네가 있으니 차를 타고 가는 편이 훨씬 낫지.

야파 문에서 출발해서 바로 먼저 보이는 길이 야파 길(Jaffa st.)이야. 이 야파 길은 동 예루살렘이 요르단 점령지였을 때 요르단과 이스라엘 국경을 나누는 길이었어.

아들, 예루살렘에 가자

부자도 바늘 구멍을 통과할 수 있다

―다마스커스 문

야파 문(Jaffa Gate)에서 오른쪽으로 조금 가다보면 예루살렘의 또 다른 성문 '다마스커스 문'이 나와. 이 문을 아랍 사람들은 기둥문(pillar gate)이라고 불렀어. 로마 황제 하드리아누스 때 큰 기둥이 있었고 기둥 위에 황제의 상이 있었기 때문이야. 하드리아누스는 유대인을 예루살렘에서 추방한 황제지. 로마에 '빌라 하드리아누스'라는 거대한 규모의 별궁이 있잖아.

'다마스커스'는 시리아의 수도였었어. 사도 바울이 예수를 믿는 유대인들을 감옥에 넣으려고 다마스커스로 갔었지. 가다가 하나님의 빛으로 눈이 멀게 되고 예수님의 음성을 듣게 되잖아. 예수를 박해하던 바울이 예수를 위해서만 사는 바울로 변화되었어.

다마스커스가 있는 시리아 땅은 유대인을 괴롭히던 적이었어. 우리도 예수님을 만나지 않으면 우리 인생도 다마스커스를 향해서 가는 거와 같아. 그 길은 예수를 미워하는 길이야. 우리가 바울처럼 하나님의 은혜의 빛을 받고 세상이 암흑이라는 것을 깨달아야 해.

다마스커스를 가려했던 바울은 그 후 이스라엘 주변 국가들을 돌아다니며 예수 복음을 전했어. 로마에서 목이 잘려나가는 순간까지.

다마스커스 문 양 옆으로 작은 문이 있지? 저 문 이름이 '바늘 구멍'이야. 예수님이 부자가 천국에 가는 것은 낙타가 바늘 구멍을 통과하는 것 같다고 하셨어. 유대인이 아니면 이 말씀을 읽을 때 실이 들어가는 바늘 구멍이라고 생각하지. 사실 그렇게 해석해도 이해하는 데는 문제가 없긴 해. 어쨌든 부자가 천국 가기 힘들다는 거니까.

근데 저 '바늘 구멍'은 성 문이 닫혀 있을 때 마차나 동물들 말고 사람만 오갈 수 있게 만든 문이야. 예수님이 낙타와 바늘 구멍을 비유하실 때 유대인들은 이 다마스커스 쪽문을 얘기한다는 걸 이해했었어.

아들, 예루살렘에 가자

하나님도 사랑하고, 돈도 사랑하는 사람들은 천국 갈까?

부자는 천국에 못 가?

부자 청년 얘기가 마태복음 19장에 나와. 부자 청년은 영원히 살고 싶어서 예수를 찾아와. 사람은 두 가지 큰 욕심이 있어. 부자되고 싶어하고 영원히 살고 싶어 해.

예수가 율법을 지키라고 했더니 청년은 다 지켰다고 자신있게 대답했어. 예수가 "네가 온전(perfect)해지기를 원한다면 가진 돈을 가난한 사람들에게 주라"고 했어. 그랬더니 부자가 슬퍼하면서 떠났어. 그때 예수님이 부자가 천국 가는게 낙타가 바늘구멍으로 들어가는 것보다 어렵다고 하신 거야. 그랬더니 예수님 제자들이 그럼 부자들은 천국 못 가는 거냐고 놀라 물었어. 예수님이 대답하셨어.

"이 일이 사람에게는 불가능하나 하나님께는 모든 것이 가능하니라."

이해하기 어렵지?

우리가 사는 세상에서는 사람들이 부자가 되고 싶어해. 그 부자 중에는 하나님을 믿는 사람들도 많아. 그런데 부자이면서 하나님 앞에 의롭기가 정말 힘든게 세상 구조이거든. 그래서 하나님도 사랑하고 돈도 사랑하는 사람들이 많아. 하나님은 돈이 많아도 돈을 사랑하지 않으면 구원해주셔. "돈이 많지만 하나님이 아니면 저는 가난한 사람입니다"라고 고백하는 사람은 천국에 갈 수 있어. 그리고 반드시 예수를 주님으로 고백하고 예수의 길을 따라야하는 거구. 그런데 돈을 사랑하지 않는 부자들이 얼마되지 않는다는 거야.

천국을 못 가면 다 지옥 가? 지옥은 어떻게 생겼어?

부자와 나사로 얘기에서 지옥이 어떤지 누가복음 16장에 써있어. 화려하게 사는 부자가 있었고 그 부자 식탁에서 부스러기를 먹는 거지가 있었어. 거지가 죽었는데 천사가 아브라함의 품으로 데리고 갔어. 우리도 죽으면 천사가 올 거야.

그런데 부자는 죽었을때 천사가 오지 않았고 지옥으로 갔어. 부자가 그곳에서 고통으로 소리질렀어. 너무 목이 말라, 멀리 보이는 아브라함에게 물 좀 달라고 했어. 그러니까 지옥은 고통스러워 소리지르게 되는 곳이고 목이 너무 마른 곳이야.

거지는 '아브라함의 품'이라고 불리는 곳에 있었는데 이곳은 천국같은 곳이라고 생각하면 돼. 그러나 우리가 나중에 예수님과 함께 사는 그 천국은 아냐. 고통이 없는 천국같은 곳, 지옥에서도 보일 만큼의 거리인데 가운데 커다란 웅덩이가 있어 서로 오갈 수 없다고 아브라함이 얘기해주고 있어.

아들, 예루살렘에 가자

우리도 한 번 죽으면 지옥 아니면 천국이고 그 다음에는 서로 오갈 수 없게 돼. 지옥에서는 이름이 없어지나봐. 부자의 이름이 성경에 안 써있잖아. 나사로는 아브라함의 품에서 나사로 이름이 그대로 불려지니까 말야.

그래서 성경에서 천국가는 생명의 책에 이름이 있는데 그 생명책에서 이름이 지워지지 않도록 조심하라고 경고하는 말씀이 있는 거야.

올리브 산

예수 승천한 곳에서
불장난하다

기드론 골짜기를 지나 올리브 산 정상으로 올라가면 먼저 예수님이 승천하신 곳에 도착하게 돼. 이 승천 교회에 작은 예배당이 있고 바닥에 바위 표면이 있어. 그 바위에 발자국 모양으로 눌린 곳이 있는데 예수님이 승천하기 전 마지막으로 밟았던 발자국이래.

성경에 올라가신데로 내려오신다고 하셨으니 이 마지막 발자국이 있는 이곳으로 다시 내려오실 거라는 얘기야. 이 예배당 안에서 누군가 예수를 계속 기다린다면 그 사람이 다시 오실 예수를 처음 만나게 될까?

그 바위 옆에 작게 파여진 돌구멍은 옛날에 이 돌 구멍에 촛불 향을 피웠기 때문이야. 그래서 누군가 그곳에 촛불을 켜놨는데 너는 주머니에 장난하려고 갖고 다니는 작은 나뭇가지를 꺼내 불장난을 하고 있네. 예수님 하늘로 올라가신 이 거룩한 곳에서 야단칠 수도 없고, 정말 언제쯤 장난끼가 없어질까?

승천 교회 작은 예배당은 팔각형으로 되어 있어. 초기 기독교 교회는 팔각형 구조로 많이 만들었어. 비잔틴 양식인데 성전 산의 황금돔도 비잔틴 양식이야. 예루살렘의 많은 교회들이 비잔틴 시대에 지어져서 그래.

이 예배당 천정은 돔 모양으로 열려 있었는데 12세기 십자군으로부터 예루살렘을 탈환한 이슬람 술탄 살라딘이 돔을 막아 버렸어. 예수 재림할 때 못 들어오게 하려고.

아랍 사람들은 예수님이 하나님의 아들이고 부활 승천하고 다시 오실 것을 믿지 않기 때문에 이 작은 예배당이 얼마나 엄청난 장소인지를 몰라. 그런데 안 믿으면서 왜 막았을까?

예배당에서 나와 교회 마당을 보면 비잔틴 시대에 침례를 주기 위해 만든 작은 우물터도 보이고, 말을 묶어놨던 벽 쇠고리들도 볼 수 있어.

승천 교회를 나와 올리브 산 아래쪽으로 내려가자. 승천하시기 전의 예수님을 따라 시간을 거꾸로 따라가보는 거야.

치료의 기도

─하늘에 계신 우리 아버지

예수님이 제자들에게 알려주신 주기도문은 '치료의 기도'라고 불려져. 이 주기도문 교회 안 회랑에는 250개의 언어로 된 주기도문이 있어. 예수님 당시 쓰셨던 언어인 아람어로 된 주기도문도 있고, 맹인을 위한 점자 주기도문도 있어. 너는 한국어 주기도문 앞에서 사진 찍자.

세상에 같은 하나님을 믿는 사람들끼리도 각각의 교리를 만들어서 분리되어 있거든. 그런데 주기도문만은 똑같이 받아들이고 믿고 있어. 그러므로 주기도문이 분리된 크리스천을 하나로 묶을 수 있는 치료의 기도가 되는 거야.

주기도문 교회는 프랑스 교회 양식으로 지어졌어. 1800년대 한 프랑스 귀족 부인이 이스라엘에 와서 이곳이 얼마나 중요한 곳인지를 깨닫고 돈을 주고 이 땅을 샀어. 그리고 수도원을 만들었고, 귀족 부인도 수녀가 되었어. 1900년대에는 이곳이 프랑스 영사관으로 쓰였고.

왜 귀족 부인이 이 땅을 샀냐면 이곳이 종려 나뭇잎을 흔들

아들, 예루살렘에 가자

COREEN
하늘에 계신 우리 아버지. 아버지의 이름이 거룩히 빛나시며, 그 나라가 임하시며, 아버지의 뜻이 하늘에서와 같이 땅에서도 이루어지소서. 오늘 우리에게 일용할 양식을 주시고, 우리에게 잘못한 이를 우리가 용서하듯이 우리 죄를 용서하시고 우리를 유혹에 빠지지 말게 하시고 악에서 구하소서.
아멘.
부산

199

올리브 산

며 예루살렘으로 들어오는 예수를 환영하던 길이기도하고, 이곳
에 아주 거룩한 의미의 동굴(Crgpt)이 있기 때문이야. 동굴 안에
들어가면 더 작은 동굴이 다시 있는데 바로 그곳에서 예수님이
주기도문을 제자들에게 가르쳐주셨어.

　　교회 옆에는 '감람나무 숲'이라 불려지는 넓은 정원이 있어.
실제로 정원에는 많은 감람나무들이 있어. 주기도문 교회를 '엘
레오나(Eleona)'라고도 하는데 이 엘레오나의 뜻이 감람나무 숲
이라는 뜻이야. 감람나무보다 올리브나무라고 해야 네가 쉽게
알겠구나. 감람이 올리브야. 우리가 감람산에 왔는데 나중에 올
리브 산에는 언제 갈거냐고 물으면 안 돼.

저주받은
무화과 나무

우리가 올리브 산에 있지만, 성경을 보면 제일 의미있는 나무가 무화가 나무일거야. 창세기 시작할 때부터 무화과 얘기가 나오거든. 아담과 하와가 선악과를 먹는 다음 창피해서 처음으로 팬티입었지? 무슨 팬티였어?

가죽 팬티

가죽 팬티는 하나님이 만들어주셨고, 아담과 하와는 처음에 무화과 잎사귀로 만든 팬티를 입었어. 무화과 잎사귀가 넓어서 팬티용으로 딱 좋았더라, 써 있어.

아담과 하와는 매일 무화과 열매를 먹고 살았겠지. 무화과는 아주 달고 맛있고 요즘 암치료에도 쓰일 정도로 몸에 좋은 과일이야. 아담과 하와가 구백 살 이상 사는데 큰 도움을 준 과일이었을거야.

이 무화과 나무가 나중에 이스라엘 사람들에게도 아주 중요한 먹거리가 돼. 그래서 성경에 무화과 나무에 대한 얘기가 많이 나와. 무화과는 1년에 세 번 열매를 맺는데 첫 열매는 보잘것없어서 무화과 주인이 가난한 사람들에게 그냥 먹게 해줬어. 가난했던 예수님도 이 첫 열매를 즐겨 드셨을거야. 그런데 어느 날 예수님이 너무 배고파서 이 무화과 열매를 먹으러 다가갔는데 잎사귀만 있고 먹을 수 있는 열매가 없었어. 예수님이 화를 내면서 "앞으로 이 무화과는 열매를 맺지 못할 것이다"라고 하셨어(마태복음 21:18-22).

예수님이 배고파서 화내시는 분이 아니지. 이럴 때는 무화과에 무슨 의미가 있는지 생각해봐야 해. 무화과는 구약에서 이스라엘을 얘기할 때 표현되었어. 예를 들면 잠언 27장 18절에서도 찾을 수 있어.

〈무화과 나무를 지키는 자마다 그 열매를 먹고, 자기 주인을 기다리는 자는 영예를 얻느니라.〉

이 말씀은 하나님이 창세기에 아브라함에게 하셨던 말씀, 이스라엘을 축복하면 복을 주겠다는 말씀과 같아. 무화과 나무의 주인은 하나님이시지.

그러니까 예수님이 무화과 나무를 저주하신 것은 이스라엘이 하나님의 열매를 맺지 못한다고 꾸짖은 걸로 이해하는 게 맞아.

아들, 예루살렘에 가자

무화과 가지에서
잎이 나오면

예수님은 이 무화과 나무에 대해 또 중요한 말씀을 마태복음 24장 32절에서 하셨어.

〈무화과 나무의 가지에서 잎이 나오면 여름이 가까운 줄 알라.〉

무화과 나무였던 이스라엘이 예수님의 예언처럼 열매 맺지 못하는 죽은 나무처럼 있었어. 1900년 동안.

그런데 그 죽은 나무 가지에서 잎이 나오는 때가 있다고 말씀하시는거야. 이스라엘이 죽은 무화과 나무로 세계에 흩어져서 살고 있었다가 다시 이스라엘 땅을 찾고 이스라엘 나라를 만들어서 살아나는 무화과 나무가 되었어. 그런데 그때가 여름이라는 거야.

여름은 이스라엘 사람에게 계절이 끝나는 시기야. 우리는 봄 여름 가을 겨울 이렇게 얘기하지만 이스라엘 달력은 가을 겨울 봄 여름인거야. 그래서 예수님이 "여름이 다가온다"고 하셨던 의미는 이스라엘이 회복되면 '끝이 다가왔다'는 뜻이야. 그 끝은 예수님이 다시 이 땅으로 오시는 거야.

　그러니까 이스라엘을 알아야지 예수님이 오실 시기가 얼마나 가까워졌는지를 알게 돼.

아들, 예루살렘에 가자

무화나 나무 아래 있던
나다니엘

무화과 나무에 관계된 성경 인물이 있어. 예수님이 나다니엘을 만나는 장면이야. 나다니엘은 예수님을 만나기 전 무화과 나무 아래에 있었어. 무화과 나무는 잎이 무성하고 넓어서 그 나무 그늘 아래에 있으면 서늘하고 좋았어.

이스라엘 사람들은 무화과 나무 아래에서 쉬면서 하나님 말씀을 읽거나 기도하거나 했었어. 예수님이 나다니엘을 보시자마자 나다니엘에게는 간사함이 없다고 하셨어. 나다니엘은 하나님 말씀을 공부하고 기도하며 모세 율법과 선지자들이 기록한 메시아를 기다리던 사람이었어.

예수님이 나다니엘에게 중요한 말씀을 하셨어. "하늘이 열리고 하나님의 천사들이 인자위에 오르내리는 것을 볼 것이다." 천사들이 오르내리는 것 누가 봤지? 그래, 야곱이 봤었지. 그런데 예수님이 다시 하늘이 열리고 천사들이 오르내리는 것을 볼 거라고 하시는 거야.

하늘 문을 여시는 분은 예수님이고 요한계시록을 보면 그곳

에 새 예루살렘이 있다고 말씀하셔. 무화과나무-이스라엘-예수
님 재림-새 예루살렘. 이렇게 연결되는 것 같아.

아들, 예루살렘에 가자

부활을 꿈꾸는
유대인들이 잠든 곳

　　주기도문 교회에서 다시 가파른 산언덕 길을 조금 더 내려가면 '유대인 묘지'가 있어. 이 넓은 묘지엔 200만 명의 유대인 무덤이 있어. 이 무덤은 올리브 산 아래에서부터 점점 올려진거야. 선지자 학개와 말라기의 무덤이 있는 고대 선지자들의 동굴 무덤도 근처에 있어.

　　고대때부터 지금까지 유대인들은 바로 이곳에서 죽은 몸이 묻히길 바라고 있어. 메시아가 이곳으로 올 거라고 믿기 때문이야. 성경 토라에 나오는 예언자들, 말라기 스가랴 예레미야 이사야 들이 메시아가 올리브 산으로 오실 것이고, 예루살렘 성으로 들어가실 거라고 예언했거든. 그리고 그때에 죽은 자들이 다시 살아나게 될 거라고도 예언했어. 그래서 메시아가 올 때 제일 먼저 다시 살아나기 위해 이 올리브 산에서 묻히기를 바라는 거야.

　　성경에 메시아가 오시기 전에 제3성전이 지어질 거라고 써 있는데 지금 이스라엘 사람들이 제3성전을 실제로 짓기 위해 준비를 하고 있어. 유대인들은 메시아가 오는 시기를 이스라엘의 완전한 회복으로 믿고 있고, 크리스천들은 세상의 마지막이라고 믿고 있어.

이 무덤 옆 길이 예수님을 종려나무 잎을 흔들며 맞이하던 길이야. 크리스천들은 그래서 이곳으로 메시아이신 예수님이 이미 오셨다는 것을 알고 있어.

유대 전통에 죽은 자를 기억하는 것이 중요해. 유대인들은 하루 3번 기도하고, 아랍 사람들은 하루 5번 기도해. 유대인들이 기도할 때 죽은 사람들을 기억하는 기도를 빠트리지 않고 꼭 한데. 죽음 후에 다른 세상이 있다는 것을 믿기 때문이야. 성경은 그 세상을 천국이라고 얘기하고 유대인들도 이 천국을 믿지만 성경에서 얘기하는 지옥은 믿지 않아. 그럼 죽으면 모두 천국 간다고 믿는 걸까?

아들, 예루살렘에 가자

쉰들러 무덤이
예루살렘에

영화 〈쉰들러 리스트〉 마지막 장면에서 쉰들러 무덤 위에 유대인들이 돌을 올려놓는 장면 기억해? 보통 무덤에는 꽃을 놓는데 이상하지? 유대인들에게 돌을 올려놓는다는 것은 존경의 뜻이 있어.

영화에서 봤듯, 쉰들러는 홀로코스트 때 많은 유대인을 살려줬어. 엄청난 부자였는데 재산을 탕진하면서까지 한 명이라도 더 살리기 위해 애썼어. 그리고 1,200명의 목숨을 죽음의 수용소에서 나오게 했어.

쉰들러에 대한 경의와 감사로 유대인들이 그가 죽은 후 시신을 이스라엘 땅으로 가져왔어. 하지만 올리브 산의 유대인 묘지는 유대인들만 묻힐 수 있기 때문에 시온산에 있는 크리스천 묘지에 묻혔어.

아이러니하게 유대인들을 박해한 독일이 쉰들러 탄생 100주년에 쉰들러 기념 우표를 발행했어. 그 우표에 이렇게 쓰였대.

'한 사람의 생명을 구한 사람은 온 세상을 구한 것이다.'

예수님의 눈물
―도미누스 플레비트(Dominus Flevit)

도미누스는 '주님'이라는 뜻이고 플레비트는 '울다'라는 뜻이야. 예수님이 우셨던 곳에 우리가 온 거야. 예루살렘 사람들이 예수님이 왕으로 오신 줄 알고 종려나무 잎을 흔들며 환영했어. 종려나무는 '승리'라는 의미를 가지고 있어. 예수님이 작은 나귀를 타고 들어오셨는데 이 나귀에는 '평화'라는 의미가 있어. 예수님은 평화의 왕이잖아.

사람들은 다른 많은 사람들에게 환영받는 것을 좋아하지만 예수님은 사람들이 예수님을 환영할 때 조용한 장소로 홀로 가셨어. 예수님이 찾으신 그 조용한 장소가 바로 이곳 도미누스 플레비트였어. 이곳에서 저 건너편에 보이는 성전산을 바라보시며 우셨어.

왜 우셨냐면 예수님은 하나님의 아들이시기 때문에 하나님이 주시는 비전을 볼 수 있으셨거든. 예수님은 자신이 죽은 후 저 예루살렘이 돌 위에 돌 하나도 남지 않고 모두 파괴되고 중요한 예루살렘의 성전도 완전히 무너지는 것을 보셨어. 그래서 완

아들, 예루살렘에 가자

전히 폐허가 될 예루살렘을 아셨기에 마음 아프고 슬퍼서 우셨던 거야.

성경에 예수님이 우시는 장면이 두 번 나와. 이 올리브 산에서 성전산을 바라보시면서 우시는 장면하고, 죽은 나사로의 가족들이 울 때 함께 우시던 장면이야.

도미누스 플레비트 교회는 예수님의 눈물을 연상할 수 있는 모양으로 지어졌어. 눈물 같은 교회, 멋있지? 교회 안으로 들어가면 인상적인 제단이 있어. 제단 위에 십자가가 있고 그 십자가 뒤에는 유리 창문이 있는데 그 십자가가 유리 창문 넘어 저 건너편 성전산 위에 있는 황금돔과 겹쳐져 있어.

마치 황금돔 앞에 십자가가 놓여진 것처럼 보여. 마치 예수님이 저 앞의 성전산 황금돔을 바라보며 우시는 것처럼도 보여. 이렇게 의미있게 십자가가 놓인 곳이 또 있을까?

흐르는 땀이 피가 되어

―겟세마네

눈물 교회 아래에는 겟세마네 동산이 있어. 겟세마네 동산에 세워진 이 교회는 고난과 고통이란 이름이 붙여져 있어. 예수님이 십자가에 달리시기 전 날인 목요일 밤에 제자들을 이 겟세마네 동산에 데리고 와 기도하셨어. 예수님이 제자들에게도 함께 기도하라고 했는데 제자들은 기도하지 않고 잠을 잤어.

예수의 다른 제자, 가룟 유다는 그날 밤에 제사장의 부하들을 데리고 예수를 잡으러 왔어. 예수님에 관한 그림 책이나 영화를 보면 로마 병사들이 예수를 잡으러 온 것으로 보여주는데 겟세마네 동산으로 예수를 잡으로 온 이들은 로마 병사들이 아니고 예수를 미워하고 죽이려했던 제사장들의 하인들이었어.

예수는 사랑하는 제자들이 예수가 죽기 전 함께 기도해주길 바라셨는데 제자들은 잠을 자고, 3년이나 함께 지냈던 한 제자는 겨우 은 30개에 예수를 팔았어.

예수님이 이 땅에 오신 것은 우리들의 원죄를 씻겨주시기 위해서였어. 그 원죄를 지은 이가 아담이었기에 그 원죄를 씻겨주

아들, 예루살렘에 가자

시는 예수를 둘째 아담이라고 불러. 그 죄를 씻겨주기 위해서 어린 양의 피가 희생 제물로 필요했기 때문에 예수님이 피를 흘리시고 우리 죄를 씻겨 주신 거야.

겟세마네 동산에서 예수님이 피 섞인 땀을 흘리며 기도할 때 예수를 시험하는 마귀와도 싸우셨어. 아담이 마귀의 시험에 져서 하나님께 불복종했듯 마귀는 온 힘을 다해 예수를 시험했어. 하나님은 예수에게 "십자가를 지라" 말하시고, 마귀는 예수에게 "십자가의 고통을 피하라"고 유혹한 거야.

예수의 이마에서 땀방울이 핏방울로 떨어지는 장면을 상상해 봐. 사람의 마음이 극도로 힘들 때 땀이 나오는 구멍의 피가 지나가는 길이 터져 피가 나올 수 있대. 예수님은 십자가를 지시기전에 이미 이 감람산에서부터 마음이 죽을 것 같이 힘드셨던 거야.

213

올리브 산

예수가 십자가를 피해
사해로 도망갈 수도 있었다

겟세마네 동산이 올리브 산 거의 아래쪽에 있지? 올리브 산 건너편 성전산과의 사이에 계곡이 있어. 이 계곡을 따라가면 사해에 도착하게 돼.

사해는 아주 덥고 건조한 곳이라서 사람이 살기에 너무 힘든 곳이야. 그래서 구약성경에서 엘리사나 예레미아 같은 선지자들이 하나님의 말씀을 예언하고 사람들의 미움을 받을 때 다 사해쪽으로 도망갔어. 다윗도 사울 왕에게 쫓길 때 이 사해쪽으로 도망갔어. 사람들이 쫓아와 잡기에 제일 어려운 곳이었으니까.

마귀는 예수에게 다른 선지자들처럼 사해쪽으로 도망가서 목숨을 건지라고 유혹했을거 같아. 그러나 예수는 도망가지 않았어. 기도하시며 마귀의 마지막 유혹을 이기셨어. 그때 하늘의 천사 미카엘이 내려와 예수님의 어깨를 만지며 예수가 십자가의 죽음을 견뎌야 한다고 위안하며 마음의 평온함을 주었다고 해.

마귀를 완전히 이긴 하늘의 평화를 품었을 그때, 가룟 유다가 예수를 잡으러 나타난 거야.

아들, 예루살렘에 가자

유다는 예수를 팔아 십자가형을 당하게 했다는 죄책감 때문에 결국 목매달아 죽어. 유다가 묻힌 피밭이 이곳에서 멀지 않은 곳에 있어. 지금은 객사로 죽은 순례객들이 묻히는 묘소를 겸한 수도원이야.

어쩌면 우리 인생은 사해 아니면 십자가 아닐까 생각이 들어. 장밋빛 인생이란 없어. 십자가를 피하기 위해 가는 길도 결국 사해일 뿐이야. 사해에서 유다처럼 죽을 것인가 십자가의 길을 따르다 죽을 것인가. 어떻게 살 것인가 고민하기보다 어떻게 죽을 것인가를 고민하는게 보다 진리에 접근할 수 있는 질문일 수 있어.

올리브 가지이신 예수,
왕의 올리브 기름이 부어지다

이 겟세마네 언덕에서 가장 오래된 올리브 나무가 2000년 되었다고 해. 예루살렘 수난의 2000년 역사를 어떻게 견뎌냈을까?

올리브 나무는 40년쯤 지나야 좋은 기름이 나와. 올리브 나무도 좋은 기름을 내는데 40년이 걸리니 사람도 성숙해기까지 40년쯤 걸려야 맞겠지. 하나님이 정하신 준비 기간은 40년이야.

40이라는 숫자는 완전 숫자 4에 또 다른 완전 숫자 10이 곱해진 숫자야. 더 이상 완전한 숫자가 없다는 의미야. 이스라엘이 이집트에서 40년 광야 생활하고, 모세가 시나이 산에서 십계명을 받기 위해 40일 동안 있고, 다윗과 솔로몬이 40년 동안 왕으로 통치하고, 예수님이 40일 동안 광야에서 단식하시고, 예수님이 부활하시고 40일 후에 하늘로 올라가신 것 모든 사건들이 하나님의 완전한 계획이신 것을 알려주는 거야.

올리브 나무는 보통 나무와 다른 점이 있어. 새 나무가 자라게 하려면 뿌리가 있는 작은 묘목을 보통 심거든. 그런데 올리브 나무는 가지를 잘라 땅에 심으면 새 나무가 자라. 예수님은 베들레헴에서 태어났는데 사람들은 예수님을 나사렛 마을의 예수라고 부르잖아. 이 나사렛의 히브리어 의미가 '올리브 가지'라는 뜻이야. 올리브 가지가 땅에 심어져 새로운 올리브 나무가 자라듯 올리브 가지이신 예수가 죽음으로 땅에 심어져 우리가 새로운 올리브 나무, 새로운 피조물이 되는 거야.

겟세마네는 히브리어로 '올리브를 짠다'라는 뜻이야. 올리브는 짜면 뭐가 되지? 올리브 기름. 성경에서 하나님이 선택한 왕들에게 뭐가 부어지지? 올리브 기름. 예수님을 우리가 메시아라고 부르잖아. 이 메시아의 뜻이 '기름 부은 자'라는 뜻이야.

네가 매일 먹는 올리브에 이렇게 거룩한 이야기가 담겨 있는지 몰랐지?

예루살렘에서
아르메니아 구역이 생긴 이유

올리브 산에서 내려와 성문으로 들어가는 가장 가까운 문인 라이온 문으로 가자. 사자문으로 들어가기 전에 동방정교 교회가 있어. 지하 동굴 안에 만들어진 교회라서 계단을 한참 내려가야 해. 교회 내부가 십자가 모양이야. 동굴 오른쪽에 동방정교에서 마리아의 무덤이라고 하는 곳이있어. 마리아는 죽어서 예수 같은 부활은 아니지만 하늘로 올라갔다고 믿고 있어.

마리아 무덤 맞은 편은 아르메니안의 제단이 있어. 12세기 십자군이 예루살렘을 점령하고 있을 때 십자군의 많은 왕들이 아르메니아의 여자들이 예뻐서 왕비로 많이 삼았대. 그 아르메니아 왕비들이 이 제단 아래 동굴에 묻혀 있어.

십자군 점령 때 많은 아르메니아 여자들이 왕비가 되어 예루살렘 성벽 안에서 힘이 있는 세력이 되었기에 지금도 성벽 안에 나뉜 네 구역 중에서 아르메니아 구역이 생기게 된 거야.

아들, 예루살렘에 가자

아랍인들도 예루살렘에서 부활을
꿈꾸고 있다

아랍 사람들 묘지를 들려보자. 이 묘지에서 우리가 조금 전에 내려온 올리브 산이 보이고 유대인 묘지도 보여. 이곳에서 보니 저 유대인 묘지가 얼마나 올리브 산의 넓은 땅을 차지하고 있는지 잘 보이네.

아랍 사람들 무덤은 아랍인들의 성지인 메카를 향해서 있는데 이곳 아랍 묘지 무덤들은 황금지붕이 있는 예루살렘을 향해 있어. 이슬람교에서 얘기하는 모함마드가 저 황금지붕이 있는 곳에서 하늘로 올라갔다고 믿고 있어서 그래. 죽은 자들도 예루살렘을 향해 있으면 모함마드가 언젠가 다시 올 때 자기들도 하늘로 올라갈 거라고 믿거든.

죽고 나서 하늘로 올라가고 싶은 것은 유대인이나 아랍인이나 다 똑같아. 유대인은 메시아가 올 거라고 믿고 있고, 아랍인은 모함마드가 메시아라고 믿고 있고, 크리스천은 예수가 이미 오신 메시아라고 믿는 거야.

십자가의
고통이란

올리브 산에서 내려와 라이온 문을 통해 성문 안으로 들어왔어. 사자문에서 우리가 타야 할 트램이 있는 야파 문까지 마지막 힘을 내어 걸어가보자. 야파 문까지 가려면 십자가의 길(via dolorosa)을 지나가야 해. 기왕에 지나가는 길이니 골고다 십자가 장소를 다시 보고 가자.

늦은 오후인데 십자가의 길 마지막 처소인 골고다는 여전히 많은 순례객이 있어. 골고다 언덕의 십자가가 세워졌었던 바위를 다시 보자. 그리고 2000년 전 이 장소에서 벌어졌던 사건을 눈을 감고 상상해봐.

죄 없으신 예수님이 십자가형을 받았어. 예수를 질투하고 미워했던 당시의 제사장들, 장로들, 사두개인, 바리새인의 음모로 당한 십자가형이었지. 권력있는 유대인들의 눈치를 보아야했던 로마 총독 빌라도가 죄없어 보이는 예수를 살려볼 수가 없었어.

예수는 먼저 옷이 벗겨지고 가시로 만들어진 관이 쓰여졌어. 가시들이 머리를 찢는 고통이 얼마나 컸겠어. 로마 병사들이 예

아들, 예루살렘에 가자

수에게 침을 뱉고 손으로 예수를 때렸어.

그리고 난 후 예수는 채찍질을 맞았어. 당시 채찍질은 39번 맞는 거야. 채찍이 보통 39가닥으로 되어 있고 안에 쇠구슬과 뼛조각을 달아 놨어. 쇠구슬로 살이 멍들게 되고 뼛조각은 살을 찢고 다시 쇠구슬이 그 찢어진 살을 더 크게 벌리고… 어깨부터, 엉덩이, 정강이를 그 죽음의 채찍으로 맞았어. 살점은 너덜너덜해지고 창자가 보일 정도가 되기도 해. 피가 많이 나와 채찍만 맞아도 죽을 수 있어.

이미 가시관으로 머리에서 피가 흐르고 채찍으로 온몸이 피투성이가 된 상태에서 십자가를 지기 시작했어. 피가 부족해 정신이 몽롱해지고 심하게 목이 말랐어.

십자가는 139킬로그램이고, 2미터 높이였어. 2000년 전에는 유대인 남자 평균 키가 135센티였어. 예수님은 키 크고 잘생긴 남자가 아니었어. 이사야 53장에 예수님의 모습이 예언된 구절이 있어.

〈연한 싹 같고 마른 땅에서 나온 뿌리같이 자랄 것이며 그는 모양도 우아함도 없으시니 우리가 볼 때에 그를 흠모할 아름다움도 없음이라.〉

이사야 53장은 예수님 예언하는 말씀이야. 이사야를 암기하는 유대인들이 이사야 53장만은 건너뛰고 외운다고 해. 다시 말하면 유대인들이 이사야 53장을 이해하기만 하면 예수를 믿을 수 있게 된다는 거야.

예수님이 십자가에서 못이 박히셨잖아. 예수님에 관한 영화를 보면 손바닥에 못을 박지만 사실은 손목에 박았어. 손목 뼈 사이, 제일 고통을 많이 느끼는 곳이야. 두 발은 모아져 복숭아뼈 바로 밑에 못이 박히는데 역시 제일 고통스러운 곳이야.

못은 18센티의 대못을 썼어. 그리고 사형수의 몸을 비틀어서 나무에 묶어 십자가를 세우는 거야. 못이 박히고 몸이 틀어진 상태는 극심한 고통과 함께 숨을 쉬기가 어려워. 피를 많이 흘려서 죽는게 아니라 결국 숨을 쉬지 못하게 되어 죽는 거야.

십자가형은 로마에서부터 시작된 형벌이고 십자가형 전문 로마 병사들은 가장 고통스럽게 죽이는 데 전문가였어. 나무 망치로 사형수의 무릎을 치면 숨을 쉴 수 없는 자세로 변하게 되어 금방 죽는다는 것도 알았어.

예수는 무릎을 꺾기 전에 죽어서 피가 옆구리 쪽에 몰려 있다는 것도 알기 때문에 로마 병사들이 예수의 옆구리를 창으로 찔렀던거야. 마지막 피와 물을 쏟아내는 것을 보고 예수의 죽음을 재확인한 거야.

오랫동안 예수를 유대인들이 죽였다고 생각하고 유대인들을 미워하는 사람들이 많았는데 예수를 정작 죽인 이들은 유대인들이 아니라 사형을 선도한 로마 빌라도 총독이었고 로마 병사들이었어. 유대인들은 미워하고 로마인들은 왜 미워하지 않는지 이상하지 않아?

아들, 예루살렘에 가자

유대인의 삶과 역사

7

유대인 구역은
깨끗해

　고아원을 방문했을 때 원장 할아버지에게 안식일에 고아원을 다시 방문해볼 수 있는지 물었었어. 원장 할아버지가 예루살렘 올드시티 유대인 구역에 가면 안식일의 모습을 제대로 볼 수 있을 거라고 얘기해주셨었어. 고아원에 유대인이 아닌 이가 안식일 만찬을 함께 하는 걸 조심스레 거절하는 것이기도 했지만 좋은 정보를 주신 것에 감사했어.

　안식일에 올드시티 유대인 구역으로 가기로 계획했는데 관광안내센터에서 유대인 구역 안식일 투어 상품을 발견했어. 유대인 안내자의 설명을 들으며 유대인 구역의 안식일 풍경을 감상할 수 있는 기회이니 당연히 신청을 했지.

　대중교통이 멈추기 전에 트램을 타고 야파 문으로 갔어. 안식일 투어도 야파 문이 미팅 장소야. 대중교통이 멈추는 날이라서 야파 문에 유난히 많은 택시들이 줄지어 서 있어.

　야파 문 관광안내소 직원에게 안식일 투어 끝나고 택시를 이용해 숙소가 있는 피렌치 힐까지 가려면 얼마를 내는게 일반적인 요금인지 물어봤어. 한국돈으로 만 원 정도만 내면 된다고 해서 지갑에서 이스라엘 돈을 따로 챙겨놨지. 택시 바가지 안 당하기 위해서.

나처럼 안식일의 풍경을 궁금해하는 여러 다른 국적의 관광객들이 안식일 투어를 기대하며 모였어. 가이드는 젊은 청년 유대인이야. 예루살렘에서 가이드하는 수입이 좋을테니 몇 년 동안 가이드 시험 준비를 하는 유대인이 많다고 해. 3000년 역사의 예루살렘을 제대로 공부하려면 적어도 3년은 걸리지 않을까.

유대인 가이드가 처음 안내한 장소가 유대인 구역에서 제일 중요한 회당인 허바 회당(Hurva synagogue)이야. 야파바문에서 허바 회당까지 좁은 골목들을 지나가는데 유대인 구역은 깨끗해서 어수선한 아랍 구역 풍경과 확연히 달라보여. 거리에서 노는 아이들도 깨끗한 옷에 키파 모자를 쓰고 있어. 안식일 만찬이 있는 날이라 유난히 말쑥한 옷들을 입고 있는거 같아.

어떤 벽에는 구약 모세 오경 이야기를 아름답고 정교한 모자이크로 꾸민 곳도 있어. 거리에서 회당에서 집에서 학교에서 모세 오경을 배우는 유대인들이니 모세 오경을 달달 외운다는 말이 의심스럽지가 않아.

회칠한 무덤이어도 유대인의 정신을 지켜주다

―허바 회당

허바 회당은 유대인 구역 중심에 있고 유난히 하얀색이 주변 건물과 비교되어 예수님이 회당을 회칠한 무덤이라고 비유하셨던 말씀이 떠올라.

이 허바 회당은 예루살렘에서 가장 중요한 회당인데 18세기에 무슬림과 요르단에 의해 두 번이나 붕괴되었어. 18세기 한 랍비가 허바 회당이 두 번 붕괴 되었다가 세 번째 완공되는 시기에 제 3성전이 세워지게 될 거라고 예언했었어.

실제로 2010년 세 번째 완공될 때 경찰력이 투입되고 유혈 사태가 벌어질 것 같은 긴장감이 돌았지만 제3성전이 함께 지어진 것은 아니라서 예언의 시기는 일단 빗나간 셈이지. 그런데 지금 제3성전이 구체적으로 진행되고 있기에 무시할 수만은 없는 애기같아.

회당은 유대인에게 너무나 중요한 장소야. 종교적인 장소를 넘어서 학교처럼 배움의 장소이고 옛날엔 재판 장소이기도 했고, 외국인을 위한 여관으로도 사용했대.

이스라엘이 멸망하고 세계로 흩어졌어도 회당을 만들어서
유대인의 정신을 유지할 수 있었어.

아들, 예루살렘에 가자

유대인의 이동은
부의 이동

허바 회당에 이어 또 다른 회당을 방문했는데 지붕의 둥근 돔 없이 네 개의 황갈색 건축물이 이어져 있어. 세파라딕 회당 (Sepharadic)인데 세파라딕은 스페인과 포르투갈, 한마디로 이베리아 반도에 살았던 유대인이야.

이스라엘에 약 60만 명이 있고 전 세계적으로 85만 명 정도 있는데 전 세계 유대인의 16%를 차지한다고 해.

1492년에 스페인에서 유대인들이 추방된 사건이 있었어. 그전까지 스페인 유대인들은 세계에서 가장 부유한 유대인 공동체였어. 당시 이사벨 여왕에게 쫓겨난 유대인들은 포르투갈과 네덜란드로 이동하거나 유대인을 받아주는 아랍국으로 갔어. 유대인은 중요한 고급 인력이라 그들이 머무는 나라는 경제적인 부를 이루었어.

같은 해 콜럼버스가 이사벨 여왕의 지원으로 신대륙 탐험에 나섰어. 두달 여를 항해한 끝에 미국 대륙을 발견하게 돼. 세계사의 부의 이동이 네덜란드, 영국, 미국 순인데 유대인의 이동과 일

치해. 미국 대륙을 발견해 세계사의 흐름을 바꾸어 놓은 콜럼버
스도 유대인이야.

아들, 예루살렘에 가자

길 닦는 천재 로마가 만든 도로
카르도(Cardo)

기원후 70년에 이스라엘이 로마에 멸망한 후 로마의 통치를 받기 시작했어. 당시 로마 황제는 베스파시안이었고, 그 후 황제가 티투스, 도미티아누스, 네르바, 트라야누스, 하드리아누스였어. 이 하드리아누스 때 유대인들이 로마에 저항을 심하게 했어. 하드리아누스 황제는 유대인 반란을 제압하고 본격적으로 예루살렘을 로마식 도시로 만들었어.

하드리아누스는 주피터 신전도 만들고 로마식 도로인 카르도를 만들었어. 지금 우리가 보고 있는 카르도는 6세기 유스티안 황제 때 만들어진거야. 당시의 바닥돌과 기둥을 보고 있는 건데 기둥 높이가 5미터이고 거리 넓이가 22미터였어. 카드로의 기둥 양 옆으로는 상점들이 있었어.

카르도 옆에 쇼핑몰이 만들어졌다는 게 좀 아이러니한거 같아. 카르도는 유대인에게 비극의 역사를 보여주는 흔적이니까.

하나님의 말씀을 문에 걸어놓다

― 메주사

유대인 구역의 주거지 골목길을 걷다보면 대문마다 걸려 있는 특이한 문패를 보게 돼. '메주사'라고 하고 하나님의 말씀이 적혀 있어.

유대인들이 가장 중요하게 생각하는 하나님의 말씀이 신명기 6장인데 그중에서도 특히 중요하게 생각하는 구절이 4절 5절 말씀이야.

〈오 이스라엘아, 들으라, 주 우리 하나님은 한 분 주시니 너는 네 마음을 다하고 네 힘을 다하여 주 너의 하나님을 사랑할지니라.〉

유대인은 이 말씀을 양가죽에 손으로 써서 통에 넣어가지고 대문에 걸어둬. 이 메주사에 새 발바닥같이 생긴 히브리 글자가 '전능하신 하나님'이란 뜻을 담고 있어.

대문에 하나님의 말씀을 걸어놓는 건 유대인밖에 없어. 한국에서는 기독교인 집 대문에 어느 교회 다닌다는 교회 이름을 붙여 놓거든. 하나님이 궁금하실 것 같아. 하나님을 사랑하는 건지,

아니면 교회를 더 사랑한다는 건지.

이탈리아의 집들은 어떻지? 대문에 어느 성당 다닌다고 써 놓지 않지만, 집 안에는 어지러울만큼 가톨릭 장식들이 많잖아. 십자가 걸어놓고, 예수님 모습 걸어 놓고, 마리아 상 세워 놓고, 성인 사진 걸어 놓고, 교황 사진 걸어 놓고…

그런데 이탈리아 가정 집에 성경책이 거의 없어. 성경을 읽는 사람도 거의 없고.

하나님은 하나님을 사랑하려면 말씀을 사랑하라고 하셨는데…

메주사는 오래된 유대인 전통이라 예수님 집에도 메주사가 있었을거야. 예수님이 집을 나가고 들어오실 때 이 메주사에 입 맞추며 하나님 말씀을 사모하는 고백을 하셨겠지.

우리도 대문에 하나님의 말씀을 걸어 놓을까? 우린 유대인이 아니라 크리스천이니까 요한복음 3장 16절 말씀을 걸어 놓으면 좋을 것 같아.

〈하나님이 세상을 이처럼 사랑하사 독생자를 주셨으니 이는 저를 믿는 자마다 멸망치 않고 영생을 얻게 하려 하심이니라.〉

유대인의 절기는
예수를 예언

유대인 집 대문을 보면 또 떠오르는 거 없어? 이스라엘이 이집트를 나오기 바로 전날 이집트의 모든 첫 아들들이 죽는 재앙이 있었잖아. 이스라엘 첫 아들은 왜 안 죽었지?

모세가 양의 피를 문 위에 바르라고 해서요.

하나님의 명에 따른거야. 모세는 불타는 떨기나무에서 하나님을 만난 후 하나님의 목소리를 들을 수 있었어. 모세가 하나님의 말씀을 듣고 기록한 게 구약성경 창세기부터 출애굽기 레위기 민수기 신명기야. 이 다섯 권을 모세 오경, 히브리어로 토라(Torah)라고 해.

이집트에서 마지막 재앙을 양의 피로서 피했던 날을 기념하는 절기가 유월절이야. 유월절을 시작으로 유대인은 하나님의 7대 절기를 지키고 있어. 유대인의 절기는 남의 나라 명절이 아니라 이 절기를 통해 하나님이 예수님을 알려주시는 상징으로 쓰셨기 때문에 우리에게도 중요해.

유월절이 시작되면 함께 무교절이 있어. 7일 동안 이스트를

아들, 예루살렘에 가자

넣지 않은 빵을 먹어. 이스트는 죄를 상징하고 이집트에 죄를 두고 떠나온 것을 기억하는 절기야.

무교절 다음이 초실절이야. 곡식의 첫 단을 하나님께 드리며 감사하는 거야. 초실절에서 50일이 지난 날이 오순절이야. 오순절은 여름 추수가 끝난 것을 기념하는 거야. 예수님이 부활 승천하신후 예수님 제자들 120명이 마가의 다락방에서 성령을 받았던 날이 오순절이었잖아.

성령을 받고 복음이 전파되기 시작하면서 예수를 믿는 자들의 추수가 시작되었던 거야.

오순절에서 4개월이 지난후 나팔절이 있어. 나팔절은 유대 민간력 1월 1일에 해당하는 유대인 새해 첫날이야. 예수님의 재림이 이 나팔절에 있을거라고 성경학자들은 얘기하고 있어.

나팔절 다음이 욤키퍼(Yom Kippur)로 불려지는 속죄일이야. 일년간의 죄를 하나님께 고백하고 용서를 구하는 날이야. 이날은 잘못을 속죄하는 날이라 금식하고 일하지 않고 차도 타지 않아. 남을 돕는 날이라 관광객이 이스라엘에서 속죄일을 맞게 되면 유대인들의 평상시 답지않은 친절을 경험하게 된다고 해.

나팔절 다음은 초막절이야. 이스라엘 백성이 이집트를 나와서 광야에서 장막을 치고 살았었잖아. 광야 생활을 기념하면서 풍성한 수학을 주신 하나님께 감사하는 절기야.

그 외에 부림절과 하누카라는 기념일이 있는데 7절기에는 들지 않아도 유대인들이 기념하는 명절이야. 부림절은 에스더

애기를 알아야 해. 에스더는 페스시아 왕의 유대인 왕비였는데 페르시아 왕의 신하 하만이 유대 민족을 말살하려고 했었어. 그때 에스더가 "죽으면 죽으리라" 각오로 유대 민족을 구했어.

유대인 말살로부터 구원받은 것을 경축하는 날이 부림절이야.

하누카는 예루살렘 성전의 이방신을 몰아내고 더럽혀진 성전과 제단을 깨끗이 한 후 봉헌 제사를 올린 것을 기념하는 날이야.

아들, 예루살렘에 가자

절기와 예수와의
관계

모세의 출애굽 사건부터 유월절이라는 유대인 절기가 시작되어 다른 절기들이 생겼다는걸 알겠지? 이 절기들이 예수의 중표였다는 것이 신약성경에서 하나하나 풀어져.

유월절은 어린 양의 피로 이스라엘인들이 죽지 않게 된 사건이잖아. 침례 요한이 예수를 만난 순간 성령에 의해 말했는데, "세상죄를 제거하는 하나님의 어린 양"이라고 했어. 그리고 사도 바울도 고린도전서 5장에서 '유월절 양이신 그리스도께서 우리를 위하여 희생'하셨다고 기록했어. 그래서 유월절은 십자가의 죽음을 의미하는 거야.

무교절은 이스트를 넣지 않은 빵인데, 이 누룩이 죄를 상징한다는 것을 사도 바울이 알려줘. "묵은 누룩을 떼어내 버리라. 그래야 누룩을 넣지 않은 새 반죽이 된다"고 했어. 우리의 죄를 지고 십자가에서 죽으신 예수의 무덤을 의미하는거야.

초실절은 첫 열매를 하나님께 드리는 날이라고 했지. 사도바울이 첫 열매의 뜻도 고린도전서 15장에서 알려줘. "그리스도께서는 죽은 자들로부터 살아나셔서 잠들었던 자들의 첫열매가 되셨다"고 했어. 이건 예수의 부활을 의미하는 거야.

오순절은 마가 다락방 성령강림을 통해 세상에 복음이 전해지고 영적인 추수가 이루어지는 것을 의미하는 거야.

나팔절의 의미는 데살로니가전서 4장에서 풀어져.

〈주께서 호령과 천사장의 음성과 하나님의 나팔소리와 함께 하늘로부터 친히 내려오시리니 그러면 그리스도 안에서 죽은 자들이 먼저 일어나고, 그러고 나서 살아남아 있는 우리도 함께 구름 속으로 끌려 올라가리니, 그리하여 우리가 영원히 주와 함께 있으리라.〉

나팔절은 예수의 재림을 의미하는 것이고 나팔이 불리는 그날, 우리는 하늘로 들려 올라갈 거라고 예언되어 있어.

속죄일은 요한계시록 20장에서 의미가 풀어져. 사도 요한이 성령으로 환상을 보며 이렇게 기록했어.

〈내가 죽은 자들을 보니, 죽은 자나 큰 자나 하나님 앞에 서 있는데, 책들이 펴져 있으며 또 다른 책도 펴져 있는데 그것은 생명의 책이라. 죽은 자들은 자기들의 행위에 따라 그 책들에 기록된 대로 심판을 받더라.〉

속죄일은 예수의 죄의 심판을 의미하는 거야.

초막절은 추수를 마치고 감사하는 축제라고 했지. 요한계시

아들, 예루살렘에 가자

록 19장에 '어린 양의 혼인 잔치에 초대된 그들은 복이 있다'라고
써 있어.

초막절은 천국 잔치를 의미하는 거야.

성전 촛대
— 메노라

통곡의 벽쪽으로 이동하면서 성전산을 바라볼 수 있는 전망대에 도착했어. 이 전망대에서는 아래쪽으로는 통곡의 벽 풍경이 잡힐 듯 보이고 시선 위쪽으로는 황금돔 이슬람 사원이 보여. 이런 절묘한 장소에 의미심장한 촛대가 있어. 바로 유대인 성전 촛대 메노라야.

출애굽기에 나오는 메노라 제작법을 그대로 따라 만들었다고 해. 이 커다란 메노라가 모두 순금이야. 무게가 60킬로그램이라고 해. '황금을 보기를 돌같이 하라'고 한국의 최영 장군이 말했는데 황금을 보면 훔치고 싶은 사람들이 더 많기 때문에 방탄유리로 메노라를 씌워놨어.

이렇게 비싼 메노라를 관광객용으로 일부러 만들었을리는 없고, 계획 중인 제3성전이 완성될 때 성전 안에 세울 촛대라고 해. 제3성전 건축이 이미 계획적으로 추진되고 있어. 거의 준비가 끝나가고 있다고도 하는데, 가장 큰 문제는 성전이 지어져야 될 장소가 지금 이슬람 사원이라는 거지.

아들, 예루살렘에 가자

성전은 아브라함이 이삭을 바쳤던 바로 그 장소에 지어져야
되기 때문에 그렇게 되게끔 우리의 상상을 뛰어넘는 기적이 일어
날거 같아.

메노사는 7개의 촛대가 꽂아지는 모양이야. 출애굽기 25장
에서 하나님이 모세에게 직접 촛대 디자인을 자세하게 알려주셨
어. 모세 때에 이 촛대는 성막안을 밝혀주었는데 지금은 유대인
안식일 식탁용 촛대로 사용해.

하나님이 왜 7개의 촛대 모양으로 만들라고 하셨을까? 이 메
노라가 유대인의 7절기를 의미하기 때문이야. 촛대 왼쪽부터 유
월절, 무교절, 초실절, 그리고 중앙 촛대가 오순절, 그 오른쪽이
각각 나팔절, 속죄절, 초막절을 의미해. 7절기의 성경적인 비밀
은 예수님을 상징하고 있으니, 결국 이 메노라도 예수를 알려주
시기 위한 거였어.

안식일
통곡의 벽

통곡의 벽이 내려다 보이는 전망대에서 내려와 통곡의 벽 가까이 가보자. 지난번 평일에 왔을 때와 안식일의 분위기는 너무나 달라. 마치 광장의 축제 같아. 여럿이 그룹을 지어 노래하고 춤을 추고 있어. 벽 가까운 곳에서는 평일보다 훨씬 많은 유대인들이 고개를 흔들면서 토라를 읽으며 기도하고 있어.

오늘 안식일 투어의 하이라이트는 역시 이 통곡의 벽이야.

유대인의 7절기도 예수님을 의미하고, 유대인의 상징 촛대도 예수님을 의미한다는 걸 알았지? 그럼 지금 유대인들이 무너진 성전의 벽을 끌어안고 기도하고 있는데 성전도 의미하는 게 있지 않을까? 그래, 성전도 역시 예수님을 의미하는 거야.

성전의 역사를 다시 얘기해볼까?

기원전 950년에 솔로몬이 제1성전을 지어. 그 후 북이스라엘이 앗수르에 망하고, 남유다는 바벨론에게 망해. 이때가 기원전 586년이고 남유다에 속했던 성전이 파괴돼. 바벨론이 70년 동안 남유다를 지배한 후 페르시아가 남유다를 지배하게 돼.

아들, 예루살렘에 가자

　페르시아가 남유다의 성전 재건을 허락하게 되어 제2성전이 지어져. 당시 유대 지도자 중 한 명인 스룹바벨의 감독하에 성전이 재건되어 스룹바벨 성전이라고도 불러.

　다시 500년 후에 헤롯이 스룹바벨 성전을 재건하게 돼. 무너진 성전을 다시 지은게 아니라서 계속 제2성전으로 불러. 이 헤롯 성전에 예수님이 오셨던 거야.

　예수님이 헤롯 성전이 무너져 3일 만에 다시 지어질 거라고 말씀하셨어. 예수가 성전이 될 거라는 의미였어. 더 이상 건축물로서의 성전이 필요하지 않다는 의미이기도 하고.

　예수가 죽고 40년 후에 로마가 이스라엘을 멸망시키면서 헤롯 성전이 파괴돼. 예수의 말씀처럼 된 거야.

　예수가 우리의 성전이라면 유대인이 만들고 싶어하는 제3성전은 결국 여전히 구약의 율법을 지키겠다는 뜻이지. 예수는 유대인들이 고집스럽게 제3성전을 지을 거라고 예언하신것은 예수의 재림의 시기가 그쯤이라는 것을 알려주시기 위한 증표로 생각해보렴.

빵과 포도주
― 기쁘게 안식하라

유대인 청년 가이드가 통곡의 벽에서 안식일 투어가 끝나간다면서 유대인들이 안식일에 먹는 빵과 포도주를 배낭에서 꺼내 나눠줬어.

통곡의 벽 광장의 축제 분위기에서 유대인의 안식일 빵과 포도주를 즐길 수 있어서 아주 좋았지?

안식일 빵은 '할라(challa)'라고 하는데 머리를 땋은 모양이야. 달걀 반죽 밀가루에 시럽을 발라 구운 특별할거 없는 빵이지만 맛있어. 너는 너의 몫을 다 먹고도 더 달라고 해서 먹고, 그것도 모자라 단체가 먹고 남긴 나머지 빵을 다 먹어치웠어.

유대인들은 안식일 식탁에 이 할라를 두 개 놓아. 이스라엘이 이집트에서 벗어나 광야에서 살 때 하나님이 하늘의 빵 만나를 주시잖아. 그리고 안식일 전날에는 두 배의 만나를 주셨고 사람들도 두 배의 만나를 거두었어. 이 '두 배'로 주신 것을 기념하기 위해서 두 개의 할라를 식탁에 놓는 거야.

할라를 먹으며 포도주를 마시니까 정말 환상인걸. 안식일 가

아들, 예루살렘에 가자

족식탁에서는 가족을 위한 축복 기도를 한 후 포도주를 따르고 출애굽기 20장 8절 말씀을 낭송한다고 해.

〈안식일을 기억하여 거룩히 지키라.〉

안식일을 그야말로 기쁘게 안식하는 날로 보내라고 하나님이 명령하신거야. 포도주는 유대인에게 기쁨의 상징이라서 축제에 반드시 즐기는 음료야.

유대인의 안식일 빵과 포도주가 진짜 의미하는 것도 있겠지?

예수님이 돌아가시기 전날 밤에 제자들과 빵과 포도주를 나누어 드시며 빵과 포도주가 예수의 살과 피라고 하셨잖아. 결국 빵도 포도주도 예수를 의미하는 거야.

가이드 청년이 빵과 포도주를 즐기며 행복해하는 우리에게 마지막 인사를 했어. 집으로 빨리 달려가서 가족과 안식일 만찬을 해야한다면서.

포도주에 취하고 진한 생명력이 진동하는 통곡의 벽 광장 풍경에 취한 나는 한참이나 더 이곳에 머물고 싶어졌어. 그런데 네가 숙소에 가자고 조르기 시작하네.

똥 문으로
나오다

통곡의 벽 옆에 성 문이 있어서 나왔어. 유대인 구역으로 통하는 유일한 문인데 이름이 좀 더러워. 오물문이야. 영어로 'Dung'인데 한국어 '똥'하고 발음도 뜻도 같아.

이름처럼 옛날에 성 안의 오물들을 바깥으로 보내는 문이었어. 이 문 밖 계곡으로 오물들을 버렸대.

우리가 화장실을 집 안에서 이용하는 문화에서 살고 있다는 건 정말 감사할 일이야. 인류 발명품 중에서 가장 위대한게 화장실이라는 말도 있어.

똥 문을 나오자마자 택시들이 빽빽하게 줄지어 서 있어. 유대인 안식일과 상관없는 아랍 택시들이야. 우리가 문 밖으로 나오자 한 택시 기사가 다가와서 자기 택시에 타라고 하길래 요금을 물었지. 한국 돈으로 3만 원이라니! 배쨍을 부리고 거절했어.

다른 택시 기사들이 계속 호객행위를 하길래 내가 딱 잘라 말했지. "만 원이면 가겠다." 아랍어로 뭐라고 투덜거리는 것도

아들, 예루살렘에 가자

무시했어. 그때 한 아랍 청년 택시 기사가 만 원에 가주겠다고 하는 거야.

택시가 너무 쌩쌩 달리길래 이대로 납치되는건 아닐까 불안했어. 10분도 안돼 우리 숙소 앞에 안전하게 세워줬을 때까지.

유대인의 삶과 역사

아이는 입장 금지,
유대인 학살 기록 박물관

오늘은 아주 특별한 박물관을 가려고 해. 나치가 600만 명의 유대인을 가스실에서 죽인 끔찍한 사건을 홀로코스트라고 하는데 바로 홀로코스트 박물관을 가려고 해. 홀로코스트는 폴란드 아우슈비츠 나치 수용소에서 일어난 사건이고 홀로코스트를 잊지 않고자 홀로코스트 박물관이 세계 여러 곳에 세워졌어. 그중 예루살렘 홀로코스트는 유대인들에게 너무나 중요한 곳이지.

트램을 타고 남서쪽 종착역 헤르츨 언덕역(Mt. Herzl)에서 내린 후, 10분쯤 걸어가면 야드 바셈 홀로코스트 박물관에 도착할 수 있어. 야드 바셈(Yad Vashem)은 '이름을 기억하라'는 의미야. 독일 나치의 유대인 대학살과 그 희생자들을 기억하자는 것이지. 유대인 대학살이 어떤 배경으로 생긴 건지 알려줄게.

1차 대전이 끝나고 영국하고 프랑스가 중동을 갈랐어. 이때 예루살렘은 영국의 지배로 들어가. 정말 지치도록 이스라엘은 남의 나라에 지배당하지?

하나님이 아브라함에게 이스라엘 땅을 주겠다고 약속하셨던

아들, 예루살렘에 가자

게 4000년 전이야. 그런데 이스라엘이 이스라엘 땅에서 살았던 건 겨우 1400년밖에 안돼. 2600년 동안은 이스라엘 땅 밖으로 돌아다녀야 했어.

이미 비극의 삶을 살고 있는 이스라엘 사람들에게, 비극이란 말로도 표현할 수 없는 끔찍한 사건이 생겨. 바로 홀로코스트야. 독일 히틀러 정권 때 경제 대공항이 있었고, 히틀러는 독일 경제를 망하게하는 주범이 유대인이라고 몰았어. 그래서 유대인을 지구상에서 멸종시켜야 된다고 주장했고 사람들은 이미 개인적으로 유대인들을 미워했기 때문에 히틀러의 주장에 손을 들어 찬성했어.

수용소를 만들었고 유대인을 강제로 몰아넣었어. 그리고 1938년에서 1945년까지 600만 명을 죽였어. 600만 명이 얼마인지 감이 오니?

지금 현재 이스라엘에 살고 있는 유대인 수가 약 600만 명이고, 미국에 살고 있는 유대인 수가 약 600만 명이야.

그런데말야, 모세가 출애굽할 때 성인 남자만 60만 명이었고 여자와 아이들을 합하면 200만 명 정도라고 해. 그 후 이스라엘 역사가 3000년이 지났는데도 겨우 그 정도라니 정말 믿기지 않지?

드디어 홀로코스트 박물관에 도착했어. 들어가기 전부터 가슴이 뛰는 걸. 저 박물관 안으로 들어가면 마음이 먹먹해질 것 같아서. 마음을 가라앉히며 입장하려고 하는데 박물관 입구 직원이 열 살 미만 아이는 입장할 수 없다는 거야.

아니, 이런 낭패가 있나. 더운데 힘들게 찾아왔건만 입장이 안 된다니. 유럽식 나이 계산이 아니라 한국 나이로는 열 살이라고 우겨볼 걸 그랬나.

열 살 미만의 아이가 보기엔 너무나 충격적이고 감당할 수 없는 공포심을 가질 수 있으니 허락이 안 된다는 입장도 이해를 해야할 거 같아. 2년 후에 열 살이 되면 이 박물관에 꼭 다시 찾아오자. 폴란드 아우슈비츠 포로 수용소에도 가려고 했는데 이 계획도 열 살이 될 때까지 기다려야 하겠구나.

허탈해진 마음으로 발길을 돌리려는데 박물관 건물벽에 써진 글이 마음을 두드리네.

'망각은 포로 상태를 이어지게 한다. 기억은 구원의 비밀이다.'

아들, 예루살렘에 가자

유대인 강제 격리 구역

― 게토(Ghetto)

홀로코스트를 이해하려면 유대인들을 강제 격리시켰던 '게토'라는 구역에 대해서도 알 필요가 있어. 유대인들이 나라를 잃고 외국에서 흩어져 살 때 미움을 많이 받았다고 했지. 중세기에 유럽에서 살던 유대인들이 게토에서 강제로 살아야 했고, 나중에 유대인이 미국으로 이주했을 때도 처음에는 게토나 다름없는 빈민가에서 살아야 했어. 제일 악명 높은 게토는 나치 독일이 만든 강제수용소였던거지. 게토를 유대인 대학살을 위해 만들었으니까.

게토는 원래 도시에서 가장 더럽고 가난한 빈민가 지역을 가리키는 말이었어. 유대인을 그곳으로 몰아넣기 시작하면서 유대인 격리 구역이 됐어. 게토의 유대인은 그 나라의 사회·정치·경제에서 분리된 채 강금되었던 거야.

게토에서의 생활은 견딜 수 없이 고통스러웠어. 돼지우리 같은 공간에 여러 가족이 같이 살아야 했어. 더러워 병들어 죽고, 굶어 죽고, 겨울엔 추워서 죽었어. 많은 고아들이 생겨나 구걸하면서 지내다 굶거나 추위로 죽었어. 삶의 희망을 잃고 자살하는 사람도 있었어.

그런데 이런 환경에서도 유대인들은 비밀리에 학교를 만들고 아이들을 가르쳤어. 무엇을 가르치고 배웠을까? 시체가 쓰레기처럼 거리에 버려진 모습을 보면서 내일 내가 그렇게 죽은 벌레처럼 버려질지 모르는데 무엇을 배웠을까?

하나님의 말씀일거야. 유대인들은 모세 오경을 책 없이 외운다고 하니 책 없이도 가르칠 수 있었을 거고. 아이들은 성경을 반복해서 들으며 이해하고 외웠을거 같아.

지금 한국 교육이 도서관 풍경처럼 각자의 자리에 칸막이가 있고 책을 혼자서 공부하니까 외우는 능력이 떨어지는 거야. 서로 얘기하면서 공부하면 이해력이 높아진다는 것을 유대인 교육이 보여주고 있어.

게다가 아무것도 가진 게 없고 하나님 말씀만이 희망의 전부가 되면, 귀로 듣고 마음으로 감동받아 입으로 읊조릴 때 말씀의 능력이 살아나는 거란다.

아들, 예루살렘에 가자

아이가 볼 만한 홀로코스트 영화

Run Boy Run

홀로코스트에 관한 영화가 어린이와 함께 보기에 잔인한 장면이 많이 나오는데 〈Run boy run〉이란 영화는 아이와 함께 홀로코스트를 이해하는 영화로서 좋아. 감독이 독일 사람이라는 것도 의미가 있어.

가해자였던 독일 사람으로서 홀로코스트를 만든다는 건 일본 사람이 한국에 가했던 일본의 잔인한 박해들을 영화로 만들었다는 얘기하고 같아.

독일 사람으로서 유대인에게 사과하는 마음으로 만들었을까? 영화 속에서 독일 나치를 잔인한 유대인 사냥꾼처럼 묘사하면서 무슨 생각을 했을까?

영화 주인공이 너하고 나이가 같은 여덟 살이야. 그런데 주인공 아이의 생존력은 정말 대단히 성숙해 있어. 여전히 다섯 살 아이처럼 놀고 의존하는 너하고 많이 비교가 된다. 내가 너를 너무 많이 보호해서 혼자서 어려운 상황을 개척할 능력을 키우지 못하는 것 같아.

주인공 아이 스루릭은 2차 대전 중 폴란드 바르샤바에 사는 유대인 아이였는데, 나치가 유대인들을 게토라는 장소에 격리시켜서 게토에 갇혀 있었어. 스루릭이 아빠와 함께 게토 탈출을 시도하는 것으로 영화가 시작돼. 아빠가 여덟 살 스루릭에게 공포에 떨며 마지막 유언처럼 얘기해. 앞으로 유대인 이름을 버리고 폴란드식 새 이름으로 살고, 원래 이름도 아빠도 다 잊어버려도 좋지만 네가 유대인이라는 것만은 잊지 말라고 당부해.

아빠는 이 말을 마지막으로 남기고 숨어 있던 장소에서 뛰어나갔어. 나치가 도망가는 유렉의 아빠를 총으로 쏘아 죽이고 있을 때 유렉은 반대 방향으로 뛰어 도망갈 수 있었어. 아이를 도망할 수 있게 일부러 반대 방향으로 뛰어가 나치의 총알을 맞은 거였어. 너무나 슬프고 감동적인 장면이야.

스루릭은 그 순간부터 유렉이란 이름으로 살기 시작해. 혼자서 눈 덮인 폴란드 숲 속을 지나고 겨울 강가를 지나고… 아이가 견뎌내기 힘든 고생의 여정을 보내. 그러다가 가톨릭 신자인 한 시골 아줌마의 집에서 머물게 돼. 유렉은 살아남기 위해 아줌마가 알려준대로 유대교에서 가톨릭으로 종교를 바꾸고, 식사 기도하고 십자가를 목에 걸고 다니기 시작했어.

다시 나치에게 쫓겨다니게 되고, 이번에는 러시아인 동네로 갔어. 러시아 농부들은 유렉을 불쌍히 여겨, 먹여주고 일을 하게 해줬어. 그런데 밀을 가는 기계에 손이 끼는 사고가 났어.

손가락들만 부러졌는데 폴란드 의사는 유렉이 유대인 아이

아들, 예루살렘에 가자

라고 수술해주지 않았어. 마음이 좋은 원로 의사가 유렉의 상태를 봤을 때는 이미 손 전체가 썩어 있었어.

유렉의 손은 잘렸어. 유렉은 화가 났지만 한 팔로 사는 법을 다시 배우기 시작해. 영화 마지막쯤에서 전쟁이 끝나 한 유대인 공무원이 찾아와서 유렉이 예전 살던 집에 데려다 줘. 가족과 함께 행복했던 순간들을 떠올리고 아빠와의 마지막 대화를 다시 떠올려. 유대인이라는 것을 절대 잊지 말라고 당부했던.

영화 마지막에 유렉의 실제 주인공이 나와. 지금은 여든 살에 가까운 할아버지 유렉, 아니 유대인 스루릭. 폴란드에서 이스라엘 텔아비브로 알리야해서 살고 있어. 영화 속에서 러시아 사람의 따뜻한 보살핌을 받았듯이 러시아 여자하고 결혼했고, 손주들도 있는 할아버지로 살고 있어. 물론 지금도 한 손 없이 살고 있고. 남의 땅이 아닌, 고국 이스라엘에서 평화롭게….

내가 네게 이른 모든 말을 책에 기록하라

―사해 성경 사본

오늘은 세계에서 가장 큰 고고학 박물관 중 하나인 예루살렘 이스라엘 박물관으로 가자. 성서와 고고학 유물과 유대 유물 등 7,000여 분야의 50만 점의 유물을 전시하고 있어.

이 박물관에서 가장 중요한 전시는 2000년 전에 쓰인 사해 성경 사본이야. 이 사해 성경 사본이 보관된 건물은 성경 사본이 발견된 항아리 뚜껑 모양으로 만들어졌어. 사해 쿰란 동굴에서 발견되어서 사해 쿰란 성경 전시관이라고 불려.

2000년 전의 성경 필사를 눈으로 보는 순간…… 핑, 하고 현기증이 돌았어. 많은 박물관을 다녀 봤지만 이런 전율을 느껴보긴 처음이야. 이탈리아 토리노에서 예수님의 돌아가신 몸을 감싼 세마포 전시관을 봤을 때와는 다른 느낌의 전율이야.

양피지 두루마리에 쓰인 한 글자 한 글자가 사람이 어떻게 저렇게 정교하게 쓸 수 있을까 싶은 경외감이 들어. 당시에는 성경을 쓰다가 하나님이라는 단어가 나올때마다 고개를 숙였다고 해. 이 사해 사본에서 이사야 66장이 모두 발견됐고 지금 우리가

아들, 예루살렘에 가자

읽는 성경과 정확히 일치한다는 것이 증명됐어.

하나님은 이스라엘 백성을 택하시고 하나님의 말씀을 보전하는 사명을 주셨어. 이 사해 사본이 그 증거야. 이스라엘 박물관 히브리 성경 전시관 벽에 이런 성경 구절이 써 있어.

〈이스라엘의 주 하나님이 이같이 일러 말하노라. 내가 네게 이른 모든 말을 책에 기록하라〉 (예레미아 30:2).

하나님이 기록하라 하셨으니 하나님의 말씀을 기록할 수 있는 능력도 주신 거야. 많은 사람이 몇백 년에 걸쳐 성경을 썼어. 그래서 사람의 다양한 생각과 당시의 문화 관습이 반영되었을 거라고 얘기하는 이들이 많아.

그러나 성경에는 말씀의 일점일획도 변하지 않는다고 기록되어 있어. 똑똑한 사람들의 지적인 의견에 귀를 막고 싶어. 그리고 사랑하면 바보되듯 하나님을 향한 사랑에 바보되어 성경 한 단어도 사람이 지어낸 것이 아니라고 믿고 싶어.

양치기 소년이
2000년 된 성경을 헐값에 팔다

사해 사본 전시관 옆에 영상 홍보관이 있는데 이곳에서 쿰란 사본 스토리를 영상으로 보여줘. 마침 우리가 들어간 시간에 사람이 없어서 담당자가 너를 위해 어린이용 애니메이션으로 보여줬어.

1947년 사해 근처, 양치기 소년 무함마드가 양 한 마리를 잃어버렸어. 양을 찾기 위해 돌아다니다 쿰란 동굴에 이르게 된 거야. 동굴이 깜깜해서 돌을 던져 양이 있는지를 확인하려 했는데 갑자기 질항아리 깨지는 소리가 났어. 바로 그 깨진 항아리 안에 이 사해 사본이 있었어.

그 다음 얘기가 재미있어. 글을 읽지 못하는 무함마드는 깨진 항아리에서 나온 양피지 뭉치가 어떤 가치가 있는지를 전혀 몰랐어. 그래서 베들레헴 골동품 상인에게 싸게 팔았어.

성경 사본은 골동품 상인의 손에서 다시 한 수도사에게로 넘겨지고 이 수도사에 의해 성경 사본인게 밝혀져. 그리고 다시 고고학자 트레버 박사에 의해 이 사본이, 2000년 전에 쓰인 이사야

아들, 예루살렘에 가자

서 1장부터 66장까지의 사본임이 드러나.

그 후 성경 사본 찾기 특별 탐색대가 조직되어 쿰란의 모든 동굴들을 구석구석 뒤졌어. 구약성경 사본 거의 전부를 찾아내고 말았어.

쿰란 성경 사본은 2000년 전 성경과 지금의 성경이 같은 말씀이라는 것을 증명해주는 너무나 중요한 증거라서 세계에서 이 사해 사본만큼 중요한 사본이 없어.

이 사본을 기록한 이들은 2000년 전 쿰란 동굴 주변에서 엄격하게 모세 율법을 따르던 공동체였어. 침례 요한도 이 공동체의 한 사람이었다는 추측을 하기도 해. 기원후 70년 로마 군인이 이스라엘을 침략했을 때 이 공동체가 성경 사본을 동굴 항아리에 감추고 어디론가 도망간거야.

놀라운 건 비가 오지 않는 사해 지역 동굴이라는 환경이 양피지 두루마리를 2000년 동안 보존하기에 최적의 조건을 가지고 있었다는 거야.

예루살렘 헤롯 성전을
한눈에 보다

사해 사본 전시장 옆 야외에서 헤롯이 증축한 예루살렘 제2
성전의 모형을 볼 수 있어. 성전과 성벽 주변 모습이 기록된 대로
정확히 만들어졌어.

성전 안은 어떤 구조였는지, 성벽 밖 주변은 어떠했는지를
한눈에 생생히 볼 수 있도록 만든게 놀라워.

아들, 예루살렘에 가자

헤롯이 이 성전을 만들고 예수님이 성전이 무너질 것을 예언
하셨잖아. 헤롯은 유대인이 아니고 에돔 사람이고 에돔의 조상
이 에서야. 에서가 야곱의 형이였고 야곱에게 장자권을 뺏기고
나서 야곱을 죽이려 했잖아.

그 에서의 자손 헤롯이 야곱의 자손인 예수를 죽이려 했던
거야. 이번엔 왕권을 뺏길까봐 죽이려 했지. 성경의 역사가 신기
하지?

성경은
과학적이다

오늘은 과학 박물관에 가려고 해. 어제 이스라엘 역사 박물관에서 많은 것을 공부했으니 오늘은 선물로 과학 박물관에서 놀게 해줄게.

어느 나라 가더라도 과학 박물관이 눈에 띄면 꼭 데리고 가줄게. 과학이 아이들 두뇌 성장에 중요하고, 과학 박물관은 과학을 재미있게 즐길 수 있는 곳이니까.

유대인들이 노벨상의 3분의 1을 휩쓰는데 그중 40퍼센트가 과학 분야야. 왜 유대인들이 과학에 뛰어날까? 바로 이런 과학 박물관처럼 과학을 놀이처럼 즐기면서 배우기 때문이야.

성경이 과학일까, 비과학일까? 성경을 모르는 사람들은 과학과 성경을 따로 얘기하지만 성경을 깊이 이해하는 사람일수록 성경이 얼마나 과학적인지를 알고 있어.

예를 들면, 하나님이 아담을 흙으로 만드셨다고 성경에 써 있는데 과학 실험으로 흙 성분을 조사했더니 사람을 구성하는 성분과 같다는 결과가 나왔어.

성경에 이브는 아담의 뼈로 만들었다고 했어. 20세기 과학으로 복제 인간을 만들 수 있다고 얘기하는데, 이 복제 인간을 하나님이 이브를 만들 때 하신 거야. 지금 과학자가 복제 인간을 만들 수 있는 곳으로 갈비뼈 안의 성분을 얘기하고 있거든. 또 신기한 것은 사람 뼈 중에서 유일하게 갈비뼈만 잘라도 다시 스스로 자라날 수 있어.

그러니까 하나님이 아담의 갈비뼈를 자르기 위해 아담을 최초로 마취하셨고, 갈비뼈를 취해 아담의 짝이 될 여자를 만드신 거야.

창세기 1장에 세상이 만들어지는 순서가 있지?

빛 - 하늘 - 각종 식물 - 해 달 별 - 물 속 생물 - 인간.

우주가 이런 순서로 만들어 졌다는 게 과학적으로도 입증되고 있어.

너는 앞으로 세상을 사람 중심과 상식과 지식과 과학으로만 이해하는 사람들과 끊임없이 부딪치게 될 거야. 그럴 때마다 세상과 인간을 과학적으로 만드신 하나님을 생각해보렴.

과학을 즐기며 배우자

―과학 박물관

과학 박물관은 히브리 대학 컴퍼스에 속해 있는데 아인슈타인이 강의를 했었던 곳이야.

과학 박물관 안으로 들어가니 너는 엄마의 손을 놓고 마음껏 놀기 시작했어. 어느 놀이 공원을 가도 비슷비슷한 놀이 기구가 있지만, 과학 박물관의 전시 기구들은 하나같이 '이게 뭐지? 어떻게 놀 수 있지? 어떤 이론으로 이렇게 만들어졌지?'하는 호기심을 일으켜서 아이들 교육에 딱인 듯싶어.

미로의 방, 그림자 놀이하는 방도 있고, 수력과 태양열을 이해하는 과학 기구 등.. 놀면서 과학 공부를 할 수 있는 기구들이 가득해. 눈의 착시 현상을 이해하는 그림 돌림판이 있고, 공기 힘으로 떠 있는 풍선을 보며 우리 지구가 떠 있는 원리도 상상해볼 수 있어. 건물 밖에는 모래 놀이터도 있어 마음껏 모래 장난을 할 수 있어.

2층으로 된 박물관 1층 한 코너에선 과학 박물관에 견학 온 어린이들에게 재미있는 과학 실험을 보여주며 설명해주고 있어.

아들, 예루살렘에 가자

우리도 그 틈에 앉아 신기한 과학 실험을 즐겨보자.

유대인 아이들이 한 실험이 끝날 때마다 자유롭게 손을 들어 궁금한 것을 질문하는구나. 그렇게 많은 질문들이 쏟아질 수 있는 힘이 무엇일까?

유대인의 슬픔을 그리다
―샤갈

워싱턴 국회의사당 가본 거 기억해? 나라의 중요한 일들이 국회의사당에서 결정되는 거 배웠지? 이스라엘 국회의사당에도 가보자. 일요일과 목요일에 방문할 수 있고 언어는 히브리어, 영어, 아랍어, 프랑스어, 러시아어, 스페인어, 독일어 중 선택할 수 있대.

아들, 예루살렘에 가자

　　과학 박물관에서 반나절을 재미있게 놀았는데도 더 놀고 싶어하는 너를 엄마가 국회의사당 오후 방문 시간에 맞춰 가야한다고 억지를 부린 것은 미안해.

　　과학 박물관에서 국회의사당까지는 걸어갈 수 있는 거리야. 거리가 가까워도 더워서 힘드네. 국회의사당 입구에서 신분증과 가방 검문을 통과하고 안으로 들어가니 먼저 샤갈홀이라는 곳이 나와. 커다란 벽면 가득 그려진 저 화려한 색상의 그림이 유명한 화가 샤갈이 그린 거야. 샤갈도 유대인이었단다.

　　샤갈이 프랑스에서 활동한 화가로 더 잘 알려졌지만 러시아에서 태어났고 유대인들이 박해 받던 시대여서 가난하고 힘들게 살았을 거야.

　　샤갈은 유대인 역사의 슬픔을 잘 알기에 이스라엘 국가가 세워지고 국회의사당이 만들어지고 그 독립국가의 상징인 국회의사당에 그림을 그릴 수 있었던 것에 참 많이 감동했을 것 같아.

　　국회의사당 샤갈의 벽화는 세 부분으로 나뉘어 있어. 중앙이 제일 중요한 이스라엘의 과거, 왼쪽이 이스라엘 현재, 오른쪽에는 이스라엘의 미래가 그려져 있어. 과거의 이스라엘 그림에는, 머리에서 빛이 뿜어져 나오는 십계명을 든 모세, 하프를 연주하며 하나님을 찬양하는 다윗왕, 유랑하는 이스라엘 백성들, 그리고 유대인의 촛대 메노라가 있어. 불타는 마을은 홀로코스트를 상징해.

　　이스라엘의 현재에는 예루살렘 성이 풍선 안에 그려져 있어.

유대인의 삶과 역사

이 그림을 그릴 때가 6일 전쟁 전이라 예루살렘이 아직 이스라엘의 소유가 아니었기에 예루살렘을 되찾고 싶은 소망을 저렇게 풍선 안에 그려 넣은 거야.

샤갈은 그 후 이스라엘이 예루살렘을 되찾은 것을 보고 죽었으니 얼마나 행복했을까.

아들, 예루살렘에 가자

이스라엘 독립과 한국 독립이 닮았다

―독립 선언문

1967년 예루살렘을 되찾기 전에 1948년 이스라엘이 독립국가가 됐어. 그 독립선언문을 이곳 국회의사당에서 볼 수 있어. 텔아비브에 원본이 있고 국회의사당 독립 선언문은 사본이야.

이스라엘 독립은 한국의 독립과 닮은 점이 많아.

초대 대통령 다비드 벤구리온이 1948년 5월 14일 독립 선언문을 발표했는데 한국도 같은 시기인 1948년 5월 10일에 대한민국 정부 수립을 위해 유엔의 결의를 얻어 재헌국회의원 선거가 있었어. 한국도 독립국가로서의 정치 체계를 세우는 시기였어. 이스라엘 독립과 한국 독립이 얼마나 닮았는지 들어봐.

한국이 일본에게 나라를 빼앗긴 적이 있어. 1910년부터 1945년까지 35년 동안. 나라를 잃는다는 것은 아이가 엄마 아빠를 잃어버리는 거하고 같은 거야. 집을 뺏기고 먹을 것을 뺏겨. 모든 것을 빼앗은 사람들의 노예가 되어야 하는 거야.

노예는 사람이 아니라 개돼지같은 짐승 취급을 받아. 한국 사람들은 나라를 잃고 35년 동안 서럽게 울어봤기 때문에 이스라엘이 나라를 잃고 뿔뿔이 흩어져 얼마나 서럽게 울었을지 이해할 수 있어.

한국은 35년 만에 나라를 다시 찾았지만 이스라엘은 나라를 찾기까지 1900년이 걸렸어.

역사학자들은 한 민족이 500년 이상 다른 나라에서 흩어져 살게 되면 그 민족이 살고 있는 나라에 완전히 들어가, 원래의 민족이 가지고 있던 모든 것이 없어진다고 해. 그것은 수많은 옛날 민족들이 없어진 경우들을 통해서도 증명이 되었어.

한국 사람들이 35년 동안 한국 땅에서 일본의 지배를 받는 경우였는데도 한국의 뿌리가 뽑힐 것 같이 흔들렸거든. 무엇보다 한국어를 강제로 못 쓰게 해서 한국어를 잃어버릴 위험에 처했었어. 나라의 말을 지킨다는 것은 나라의 심장처럼 중요한 거란다.

한국이 일본으로부터 나라를 되찾은 게 1945년이었어. 이스라엘이 불과 3년 차이로 1948년에 나라를 되찾았어. 하나님이 한국과 이스라엘을 거의 같은 시기에 나라를 회복시켜 주셨어.

이스라엘 나라가 회복될 수 있었던 가장 중요한 이유가 1900년 동안 이스라엘 말을 지켰고 성경의 하나님의 이스라엘을 향한 약속을 믿었기 때문이야.

20세기에 세계인이 '기적의 나라'라고 얘기하는 두 나라가 있어. 바로 한국하고 이스라엘이야.

아들, 예루살렘에 가자

국회에서 오순절의 기적이
일어난다면

국회에서 일하는 의원이 120명이래. 120명? 예수님 승천하신 후 마가의 다락방에 모인 제자들도 120명이었는데! 예수님 제자 12명, 초대 교회를 탄생시킨 제자 120명, 2000년이 지난 후 예루살렘 국회에서 120명의 유대인이 모여 있는 거네.

이 국회에서 2000년 전 오순절의 기적이 일어난다면 세계의

역사가 뒤집힐거야.

이스라엘 국회는 10개의 정당이 있고 정당에서 일하는 것은 스물 한 살부터 가능하대. 젊은 청년들이 나라 일을 결정하는 것은 한국 국회에서는 생각지도 못할 일이지. 경험은 부족해도 시대를 오히려 더 생생하게 겪고 있는 청년들이 국회에서 힘을 갖게 하는 것은 본받아도 좋지 않을까?

소속 정당인들만의 회의실도 구경하고 마지막 하이라이트로 모든 정당인들이 모이는 국회 회의실을 볼 수 있어서 좋았어. 너에게도 국회를 둘러보니 좋으냐고 물어보고 싶은데 지루해서 몸을 흐느적거리고 있는 너를 보니 물을 필요가 없을 것 같구나.

아들, 예루살렘에 가자

유대인이 만든 유명한 아이스크림
—벤 앤 제리

버스를 타고 시내 예후다 시장으로 가보자. 국회의사당에서 지루해 하던 너를 웃게 할 아이스크림이 있거든!

유대인이 만든 아이스크림 브랜드 중에서 예루살렘에서는 벤 앤 제리 아이스크림이 가장 많이 눈에 띄는구나. 한국에는 베스킨 라빈스가 많아. 아마 한국 사람들은 베스킨 라빈스 주인도 유대인이라는 걸 모를거야.

톰 앤 제리 만화하고 이름이 비슷한 벤 앤 제리는 미국에서 태어난 벤이란 유대인하고 그의 유대인 친구 제리가 만들었어. 벤도 제리도 학교에서 성적이 안 좋아 실패자처럼 보였지만 두 사람이 아이스크림 회사를 만들어 세계적인 사업가가 되었어.

벤이란 이름은 이스라엘 지파 중 벤자민을 줄여서 부르는 이름이야. 야곱의 열두 아들 중 막내였잖아. 엄마 라헬이 벤자민을 낳고 바로 죽었고. 그래서 라헬이 지은 이름 벤자민은 '슬픔의 아들'이란 뜻이있어. 요셉이 이집트 총리로 형제들을 만났을 때 벤자민을 제일 반가워했어. 요셉과 벤자민만 라헬의 아들이었으니까. 나머지 형제는 레아와 라헬의 하녀 아들이었고.

제리는 이스라엘 선지자 예레미아(Jeremiah)에서 나온 이름이야. 성경의 예레미아서와 예레미아 애가를 지었어. 특히 예레미아 애가는 예레미아의 눈물이라고도 하는데 예루살렘이 파괴된 슬픔과 참상을 기록한 것이고, 쿰란 동굴에서 1세기에 기록된 예레미아 애가가 발견되었어.

벤자민과 예레미아를 생각하며 벤 앤 제리를 먹어보자.

정말 맛있지? 500밀리리터 아이스크림을 순식간에 다 먹어버렸어.

우리가 있는 예후다 시장도 구경 거리가 많은 곳으로 알려져 있지만, 넌 쇼핑을 싫어하니까 엄마가 시장 구경은 포기할게. 대신 꼭 가고 싶은 곳이 있어.

아들, 예루살렘에 가자

예수를 믿는
유대인

예수를 메시아로 믿는 유대인의 예배인 메시아닉 주(Messianic Jews) 교회에 가보자. 가장 큰 규모의 메시아닉 주 교회는 'King of Kings'라는 곳이야. 우리가 있는 예후다 시장에서 트램으로 한 정거장만 가면 되는 아주 가까운 거리에 있어. 오늘 저녁에 예배가 있다는 것도 확인해뒀지.

교회 건물 안으로 들어가는 데도 가방 검사를 하네. 안전을 위한 검문이 이스라엘에서는 일상인거 같아. 규모가 큰 교회라 예배실 바깥에 다양한 행사 프로그램 안내들이 있고, 중동 전쟁의 희생자 유가족을 돕는 바자회 전시도 있어.

2층 예배실로 들어가 자리를 잡고 아래층과 주위를 둘러보니 세계의 다양한 인종이 모여 한 목소리로 찬양하는 모습이 인상적이야. 손을 들고 찬양하거나 무릎을 꿇고 있거나 주변의 시선을 신경쓰지 않는 자유로운 분위기야.

세계적으로 현재 30만 명의 메시아닉 주가 있대. 많은 유대인들이 아직도 메시아가 오기를 기다리고 있지만 30만 명의 유대

인들은 예수가 메시아였다는 것을 믿게 된 거야. 세계적으로 기
독교가 다른 종교에 밀려 기울어지려 하고 있는데 유일하게 이스
라엘에서만 기독교인들이 계속 늘어가고 있는 것도 주목해야 될
현상이야.

　다만 이 메시아닉 주가 크리스천이라는 이름이 아니라 메시
아닉 주로만 정체성을 갖기를 원하고, 크리스천과 다시 구별되
고 싶어한다면 문제가 되지 않을까 해. 메시아닉 주들 중에서는
여전히 모세 율법을 중요시하며 지키는 이들이 있고, 일부는 삼
위일체를 믿지 않는 이들도 있어. 그런 이들을 위해 갈라디아서
5장 18절 말씀이 있어.

　〈너희가 성령의 인도하심을 받는다면 너희는 율법 아래 있
지 아니하느니라.〉

예수님에게
진짜 이름이 있어

메시아닉 주 예배 찬양할 때 예수를 '예슈아'라고 부르고 있지? 예슈아가 예수의 히브리어 이름이야. 이스라엘에 '지저스(Jesus)'라는 이름은 없어.

꼭 알아둘 게 있어. 성경의 구약은 이스라엘 히브리어로 썼고 신약은 그리스 헬라어로 썼어. 그래서 구약에 나오는 사람들 이름은 이스라엘 원래 이름이고, 신약에 나오는 사람들은 원래 이름을 그리스어로 바꿔서 쓴 거야.

히브리어 이름은 한국 이름처럼 담긴 의미가 있어. 예슈아는 '구원'이라는 뜻이야.

모세 다음에 이스라엘 지도자 된 사람이 누구지?

음… 생각 안 나.

여호수아잖아. 네가 게임을 많이 해서 쉬운 것도 기억을 못 하는 거야.

엄마는 게임 안 하는데 왜 잘 잊어버려?

기억력이 점점 떨어지는 건 하나님의 자연 법칙에 순응하는

거야. 아무튼 여호수아 이름을 짧게 하면 예슈아가 돼. 여호수아
는 '하나님은 구원이시다'라는 뜻이야. 구약에서 여호수아가 이
스라엘 백성을 가나안 땅으로 이끌었듯 신약에서 예수님이 우리
를 하늘의 예루살렘으로 이끄는 분인거야.

예수를 낳은 마리아의 히브리어 이름은 '미리암'이야. 모세
누나 미리암하고 같아. 아기 모세가 바구니에 실려 나일강을 떠
내려갈 때 누나 미리암이 그 바구니를 지켜보며 따라갔어. 이집
트 왕의 딸이 아기 모세를 물에서 건져냈을 때 아기에게 젖을 물
릴 여인을 찾아오겠다고 했고, 그래서 모세의 친엄마를 파라오
딸의 베이비시터로 만든 큰 역할을 했지.

나중에 모세가 홍해를 가르는 기적을 행했을 때 미리암이 여
호와를 찬송하라, 노래하며 춤췄고 모든 여자들이 따라서 북치
고 하나님 찬양하는 노래를 불렀어. 홍해를 건넜던 모든 여자들
이 북치고 춤추고 노래하는 풍경을 상상해봐.

미리암이 그 장대한 찬양대의 지도자였다는 거야. 그런 미리
암 이름이 신약성경에서 예수의 어머니 이름과 같은 게 이해되지
않아? 누가복음 1장에서 나오는 마리아의 멋진 시가 모세의 누
나 미리암 같은 찬양이었을 것 같아.

아들, 예루살렘에 가자

히브리인? 유대인?
이스라엘인?

엄마가 히브리인, 유대인, 이스라엘인, 자꾸 바꿔서 말하니까 헷갈려.

좀 복잡하긴 해. 히브리(Hebrew)는 '건너다'라는 뜻이야. 아브라함이 갈대아 우르를 떠났지. 그리고 다시 가나안으로 건너갔지? 그렇게 '건너갔다'라는 뜻이야.

유다(Judah)는, 이스라엘이 남북으로 갈라졌을 때 남쪽을 유다라고 불렀잖아. 그 유대인이 지금까지 이스라엘 사람들을 말할 때 쓰이는 거야.

이스라엘(Israel)은 하나님이 야곱에게 주신 이름이고, 야곱의 열두 아들이 이스라엘 12지파가 되는 거는 알지?

또 세마이트(Semite)라고 불릴 때도 있어. 노아의 세 아들 중 셈의 자손을 가리키는 말이야. 이스라엘을 싫어하는 마음을 안티 세미티즘(Anti Semitism)이라고 하고, 이 말은 오랫동안 유대인 박해 받는 역사에서 제일 흔히 쓰이던 말이었어.

그런데 이 셈 족을 이스라엘로 얘기하는 것은 좀 잘못된 거

야. 왜냐하면 셈의 자손들 중에서 아랍국가의 조상도 있거든. 그
리고 한국도 셈의 줄기에서 나왔어. 한국과 이스라엘이 같은 셈
족인데다가 형제처럼 닮은 점이 많다는 것도 알아두렴.

아들, 예루살렘에 가자

전쟁에서
기적이 일어나다

오늘은 6일 전쟁 기념 박물관에 가보자. 이 박물관은 우리 숙소가 있는 프렌치 힐 지역에서 가까워.

6일 전쟁은 3차 중동 전쟁인데 이스라엘 사람에게 너무나 중요한 기적의 전쟁이야. 그래서 6일 전쟁에 대해 잘 알 필요가 있어.

1948년 이스라엘이 주변 중동 아랍국가하고 싸운 게 1차 중동 전쟁이야. 그 뒤로 1956년 이 중동 아랍들과 2차 전쟁을 했어. 그리고 또 1967년 3차 전쟁이 일어나는데 이 3차 중동 전쟁이 6일 만에 이스라엘의 승리로 끝나서 6일 전쟁이라고 해.

3차 전쟁이 일어나기 전 이스라엘을 둘러싼 아랍국가들은 이스라엘을 바다에 던져버리겠다고 큰소리쳤어. 이스라엘과 아랍국의 싸움은 고양이와 호랑이의 싸움이었어. 이스라엘은 많은 사람들이 죽을 거라 생각하고 국립 공원의 흙을 파서 구덩이를 만들었어. 전쟁으로 죽게 될 사람들을 묻으려고. 전쟁에 이길거라고 아무도 짐작하지 못했던 거야.

유대인의 삶과 역사

절대 이길 수 없는 전쟁이었는데 하나님은 어떤 액션 영화보다 흥미롭게 이 전쟁을 이끄셨어. 이스라엘이 주변 중동 국가들이 동시에 공격하기 전에 먼저 공격하기로 작전을 세웠어. 공격하기 바로 직전 아랍국 대통령과 장군들의 통신에 문제가 생기고, 이집트 총사령관은 술 마시며 파티하고 있었고, 아랍국 국가 간의 통신에도 문제가 생겼어. 이스라엘은 이때를 이용해 공격했어.

이 6일 전쟁 동안 하나님의 기적이 많이 일어났어. 성경의 기적을 옛날 이야기로 생각했던 사람들도 깜짝 놀라는 실제의 기적들이었어. 그리고 무엇보다 이 6일 전쟁으로 예루살렘이 이스라엘의 영토가 되었어. 1900년 만에 다시 이스라엘의 땅이 된 거야. 더 놀라운 것은 예루살렘을 되찾은 날이 성경 과학자들이 밝혀낸 예수가 태어난 날과 같은 날짜야.

6일 전쟁에서 놀라운 기적들이 많이 일어났는데 그중 몇 가지만 들어봐. 이집트 부대 수천 명이 이스라엘 한 명의 군인한테 항복했어. 그때 포로로 잡힌 이집트 장교가 얘기하기를, 한 명의 이스라엘 병사 뒤에 수천 명의 천사들이 총을 들고 있어서 무서워 항복한 거였대. 이 천사 군대 장면은 엘리사 이야기에서 나오잖아.

이스라엘 적군 아람왕이 엘리사가 있는 성읍을 에워쌌었어. 아람은 지금의 시리아야. 포위당한 이스라엘 백성들은 당황했는데 엘리사는 천사들이 돕고 있는 것을 볼 수 있었어. 무서워 떨고

아들, 예루살렘에 가자

있던 엘리사 종의 눈을 엘리사가 영적으로 뜨게 해서 천사 군대
를 보게 해주잖아.

〈보라, 엘리사를 에워싼 말들과 불병거들이 산을 가득 채웠
더라〉(왕하 6:17).

6일 전쟁 중에는 하늘에서 '큰 손'이 내려와 이집트 군사들
을 항복시킨 일도 있었어. 시나이 반도에서는 이집트 병사들이
싸우고 있는 중에 모든 무기들을 그대로 놔두고 다 도망가기도
했어. 한 여자 군인이 군인차를 타고 이동할 때 환상으로 불길을
보고 길을 바꾸었는데 그 불길이 있었던 곳에 이집트가 만든 지
뢰밭이 있었어.

6일 전쟁을 이끌었던 이스라엘 총사령관이 전쟁을 앞두고
이렇게 기도했대. "하나님, 이 전쟁을 6일 만에 끝내게 해주세요.
그래서 7일째에 안식일을 지낼 수 있게 해주세요."

이 6일 전쟁이 성경적으로 더 의미가 있는 것은 이때부터 예
수를 그리스도로 믿는 유대인들이 많아지기 시작했어. 예수를
그리스도로 믿는 유대인들을 메시아닉 주(The Messianic Jew)라
고 부른다고 했지.

죽음의 삼각지대 언덕에 세워진
6일전쟁 박물관

　6일 전쟁은 1967년 6월 5일 새벽에 시작됐어. 이스라엘 전투기들이 이집트 시나이 반도에 진을 치고 있던 이집트 전차를 공격했어. 준비가 안된 이집트 전차들이 일방적으로 폭격을 당해 하루만에 시나이 반도가 이스라엘의 점령지가 되었어.

　이집트는 시나이 반도를 쳐들어온 이스라엘 군을 이집트 군이 몰아냈다고 거짓말 방송을 했어. 그래서 이집트 군대가 더 방심하게 되었고 이 틈을 이용해 이스라엘 전차들이 시나이 반도에 남아 있던 다른 이집트 군인들을 쉽게 공격하고 점령할 수 있었어.

　전쟁 막바지는 이스라엘 사람들에게 가장 중요한 땅인 예루살렘을 되찾는 싸움이었어. 예루살렘 성벽 안 주인이었던 요르단이 온 군대력을 동원해서 몰려드는 이스라엘 군을 막았어.

　이스라엘 군인들이 예루살렘으로 들어가기 위해 반드시 넘어야 할 언덕이 있었는데 그게 바로 앰뮤니션 언덕(Ammunition Hill) 이었어.

아들, 예루살렘에 가자

6일 전쟁 중 이틀째 되는 날 이스라엘 군대가 이 언덕을 진
격했어. 요르단은 이집트 군사들보다 훨씬 훈련이 잘 되어 있었
기 때문에 많은 이스라엘 군인이 죽었어.

앰뮤니션 언덕에 세워진 박물관에 들어가 치열했던 전쟁 현
장을 둘러보자. 요르단 군인들을 공격하기 위해 쳐들어온 이스
라엘 첫 부대 군인들은 이 언덕에서 요르단 군에 의해 포위되었
어. 죽음의 삼각지대였어.

폭이 좁은 고랑이 언덕 아래에서 위쪽으로 연결되어 패여 있
는 거 보이지? 저 도랑 안에서 요르단 군인들이 공격했어. 그래
서 이스라엘 첫 부대의 병사들은 이곳에서 거의 전사했고 두 번
째 이스라엘 부대가 이곳에 왔을 때 지휘관은 이 죽음의 삼각지
대를 피해 동쪽으로 패여 있던 도랑 안으로 부하들을 이끌었어.

요르단 군인들이 이스라엘 군이 피한 도랑 쪽으로 진격해오
자 지휘관이었던 에리탄 나베(Eritan Na'aveh)가 군인들을 보호
하기 위해 도랑에서 뛰쳐나왔어. 그리고 인간 방패가 되어 요르
단 군인들의 총알을 막으며 공격해 들어오는 요르단 군들을 향해
숨이 끊어질 때까지 총을 쐈어.

이 한 명의 지휘관이 죽인 요르단 군인이 80명이 넘었어. 지
휘관이 이렇게 죽는 걸 본 병사들은 어떤 각오가 생길 거 같아?
모두 그 지휘관같은 정신으로 목숨을 아끼지 않고 싸웠고 결국
예루살렘 성으로 진격해 들어갈 수 있었어.

이스라엘 군대는 이렇게 높은 지위의 병사가 먼저 앞장서서

유대인의 삶과 역사

싸우고 죽음으로 부하들을 보호한대. 그래서 6일 전쟁에서 일반
병사보다 지휘관들이 제일 많이 죽었어. 이런 정신의 군대가 세
상에 얼마나 있을까?

기드온의 기적과
6일 전쟁

6일 전쟁을 기드온의 기적이라고도 불러.

기드온 이야기는 재판관기 6장에서 8장까지 나와. 재판관기는 모세가 죽고 이스라엘 지도자가 된 여호수아도 죽은 다음 재판관들이 세워져 이스라엘을 다스리던 때 이야기라고 했지?

기드온은 여호수아 이후 다섯 번째 재판관이었어. 기드온 때 이스라엘은 미디안에게 심한 압제를 받고 있었어. 미디안은 모세가 이집트 왕궁에서 도망가서 살았던 곳이었잖아. 그 미디안 제사장 딸과 결혼도 하고 아이도 낳고. 미디안은 지금의 사우디야. 지도에서 이집트 바로 옆에 있잖아.

기드온은 가난한 농부였고 미디안한테 음식을 뺏기지 않으려고 몰래 곡식을 타작하고 있었어. 그때 하나님의 천사가 나타나서 기드온에게 말씀하셨어.

"하나님이 너와 함께 계시다. 미디안들의 손에서 이스라엘을 구하라."

겁쟁이였고, 미디안 때문에 너무 힘들게 살면서 하나님을 의

심했던 기드온은 하나님의 천사를 만나고 하나님의 용사로 변해. 그래서 미디안과 싸울 이스라엘 군인 3만 2,000명을 모았어. 그런데 하나님은 그중 300명만 뽑으셨어. 싸움을 이기게 하는 이가 하나님이라는 것을 알려주기 위해서였어.

이 300명 뽑는 장면이 유명해. 군사들을 물가에서 물을 마시게 했어. 손으로 물을 퍼서 혀로 물을 핥는자 300명만 뽑혀. 나머지 군사들은 무릎을 꿇고 마셨어. 손으로 물을 받아 주위를 감시하면서 먹는 것이 군인으로서 한 순간도 적군에게 틈을 안 주겠다는 자세이고, 목이 너무 마른 순간에도 손으로 물을 받는 게 인내심을 보여주는 자세였기 때문이야.

이스라엘군 300명하고 미디안 군대 수만 명이 싸우게 됐어. 이스라엘 군인은 무기도 제대로 없었고 기껏해야 빈항아리, 횃불, 나팔뿐이었어.

이스라엘군은 빈항아리를 부수고, 왼손에 횃불을 치켜들고, 오른손으로 나팔을 불었어. 그런데 이 소란스러움이 엄청난 공포로 수만의 미디안 군인들을 도망가게 만들었어. 하나님의 기적이 기드온 300명 군사들을 통해 이루어진거야.

성경에는 기적의 전쟁들이 많이 나와. 모세가 손을 들어 전쟁에 이기고, 여호수아가 여리고 성벽을 돌기만 했는데 성이 무너지고… 기드온은 겨우 빈항아리로 수많은 적을 이기고….

이스라엘의 기적의 승리 뒤에 누가 있는지 알겠지?

아들, 예루살렘에 가자

8

교회와 이스라엘

중동에서 가장 오래된 프로테스탄트 교회가
다윗 망대 앞에 있다

오늘은 일요일이라서 교회에 가려고 해. 이스라엘에 있는 한국인 교회도 유대인 예배처럼 토요일에 예배가 있지만 이스라엘에서도 일요일 예배드리는 프로테스탄트 교회가 있다는걸 알았어. 그리고 그 교회가 중동에서 가장 오래된 프로테스탄트 건물이라고 해서 더욱 가보고 싶어. 결정적으로 다윗 망대 바로 앞에 위치에 있어 찾아가기가 편해.

그리스도 교회 예루살렘(Christ church Jerusalem)이라는 이 교회는 영국 교회에 속해 있고 영어 예배야. 1849년에 세워졌고 이스라엘이 시오니즘으로 디아스포라 유대인이 이스라엘로 돌아오기 전부터 성경의 예언을 믿고 유대인들이 이스라엘 땅으로 돌아오도록 도왔어.

유대인 크리스천과 메시아닉 주가 다르다는 것을 이 교회에 와보니 알 것 같아. 유대인 크리스천은 크리스천에 보다 자신의 정체성을 두는 것이고, 메시아닉 주는 여전히 유대인이라는 정체성을 중요하게 생각한다는 느낌이야. 하지만 유대인 크리스천과 메시아닉 주가 서로 교류하며 화합하는 활동들을 함께 한다고 해.

중동에서 가장 오래된 프로테스탄트 교회에서의 예배가 끝나고 교회의 아담한 정원에서 예배를 마친 이들이 차를 마시며 얘기를 나누고 있었어. 엄마는 한 일본인 배낭여행객과 얘기를 나누었어. 일본의 크리스천이 1퍼센트도 안되는데 이 청년은 그 1퍼센트 안에 드는 크리스천이라 반가웠어.

그 청년이 얘기하길, 이 1퍼센트도 안되는 일본 크리스천 중에서 이스라엘을 향한 하나님의 성경적인 계획을 믿고 기도하는 이들이 있다는 거야. 국민 20퍼센트가 크리스천인 한국에서는 얼마만큼 이스라엘에 관심이 있을까?

아들, 예루살렘에 가자

교회가
이스라엘이다?

교회에서 성경을 읽어도 이스라엘에 대해 얘기하는 곳이 거의 없어. 2000년 동안 이스라엘이 없어져 있었으니 하나님의 영광과 이스라엘을 연결시킬 수가 없었어. 그리고 결정적으로 초기 신학자들이 이스라엘을 교회로 해석해서 이해하도록 이끌었어.

예수의 제자들이 세계에 예수 복음을 전하면서 이집트의 대도시 알렉산드리아에 인류 최초 신학교가 생겼어. 그런데 신학교의 선생들이 그리스 사람들이라서 성경을 그리스식으로 해석했어.

예슈아(Yeshua) 예수는 유대인이 아닌 서양 사람 지저스(Jesus)로 둔갑했고 하나님의 이스라엘을 향한 축복은 교회의 축복으로 바뀌었어. 이스라엘은 하나님께 버림받고 저주받은 민족일 뿐이었어.

이스라엘이 교회로 둔갑된 채 2000년 교회 역사가 이어진 거야.

기독교 공인한 콘스탄티누스는
기독교를 변질한 황제

학교에서 콘스탄티누스 황제에 대해 배울거야. 313년 기독교를 공인한 로마 황제로 높이 평가되면서.

학교에서 가르치는 역사 교과서는 역사의 승자들에 의해 쓰인 불균형한 관점들이 많아. 세상 교과서는 세상 지식이고 성경은 하나님의 지혜라는 것을 기억해.

콘스탄티누스는 기독교인이 아니었어. 당시 로마인들은 바벨론 종교인 태양신을 믿었어. 기독교를 공인한 이유는 당시 로마에서 기독교인들의 세력이 점점 커지니까 정치적 권력 유지를 위해서 어쩔 수 없이 기독교를 인정했던거야.

태양신을 믿는 콘스탄티누스는 기독교를 공인하고 교회 건물을 만들었지만 교회 안으로 태양신을 섬기던 형식들을 다 들어가게 했어.

성경에 나오는 절기들도 로마 바벨론 종교 절기로 대체하고 유대인 안식일이 토요일인데 콘스탄티누스는 태양신 절기에 의한 일요일 안식일로 바꿨어. 콘스탄티누스는 유대인을 미워했기

아들, 예루살렘에 가자

때문에 성경의 유대적인 것들을 바꾸어 놓고 유대인들이 하나님
의 아들을 죽여 저주 받았다고 했어.

종교 개혁자 마틴 루터의 유대인 학살

마틴 루터는 개신교에서 존경받는 인물이야. 1517년 로마 가톨릭의 타락에 '95개조 반박문'을 쓴 것으로 잘 알려져 있어. 프로테스탄트 개신교가 시작되었어.

그런데 마틴 루터가 유대인을 얼마나 싫어하고 유대인 학살을 주동했는지는 잘 알려지지 않았어. 마틴 루터가 쓴 책 『유대인과 그들의 거짓말에 대해서』에서 유대인 회당을 불지르고, 유대인 집들을 부수고, 랍비들의 가르침을 중지시켜야 한다고 주장했어.

유대인들을 '독사 무리'라고 표현했는데 나중에 히틀러가 유대인들을 묘사할 때 '독사 무리'라는 똑같은 표현을 자주 썼어. 히틀러는 마틴 루터의 영향을 많이 받았거든.

홀로코스트 대학살의 주동 인물이 히틀러였고 히틀러에게 영향을 준 이가 마틴 루터였기 때문에 유대인들이 제일 저주하는 세 인물 중에 마틴 루터가 있어.

유대인들이 저주하는 나머지 두 인물은 교황과 예수야.

교황에 의해 십자군 전쟁이 일어났고 그 십자군 전쟁으로 수많은 유대인들이 죽었기 때문이야. 그건 당연하다 할지라도 유대인들이 예수를 저주한다는 건 섬뜩하지?

유대인이 하나님의 아들 예수를 죽였기에 죄의 심판을 받아야 한다고 일어난 전쟁이 십자군 전쟁이였거든. 유대인이 예수를 하나님의 아들로 인정하지 않아서 온갖 핍박을 받았고 그런 고난 때문에 더 예수를 저주할 수밖에 없는 역사가 계속 되었던 거야.

유대인이
예수를 죽이지 않았다

유대인들은 하나님을 두려워하고 모세의 율법을 생명처럼 지켰어. 하나님이 모세를 통해 이스라엘을 이집트의 노예생활에서 나오게 해주셨듯이 하늘의 권능을 가진 메시아가 나타나 로마 제국에 눌려있던 유대인을 구원해주기를 바랐어. 그런데 나사렛이란 시골에서 태어난 가난한 목수 아들이 하나님의 아들이라고 떠드니 어떻게 믿어졌겠어.

옛날이나 지금이나 권력을 잡고 있는 사람들은 자신들의 기득권을 목숨처럼 붙들고 있기 때문에 자신보다 더 사람들의 인기를 끄는 이를 미워해. 유대 종교 권력자들이 예수가 미워서 십자가로 죽이는 음모를 꾸몄어. 그러니까 예수를 죄인들의 나무에 매달려 죽게 만든 건 종교 권력자들뿐이었어.

종교 지도자들의 죄를 모든 유대인들이 세대를 거쳐 뒤집어쓴다는 건 정말 억울한 일이지. 게다가 예수를 고문하고 십자가에 못 박은 이들은 유대인 사람이 아니었잖아.

예수는 십자가 사건부터 하나님의 아들인 것이 더 확실히 입

아들, 예루살렘에 가자

증되었어. 하나님도 아들의 죽음을 보는게 고통스러워 온통 하늘이 까맣게 되었어. 예수가 죽자 구약의 시대가 끝나는 신호로 성전의 휘장이 찢어졌어. 휘장이 아래에서부터 찢어질 수는 있지만 위에서부터 찢어지게 할 수 있는 사람은 없어.

예수가 부활하신 후 하늘로 올라가셨어. 그리고 성령을 보내주셨어. 예수가 로마군에게 고문을 당할 때 도망갔던 제자들이, 예수가 부활하신 모습으로 나타나 만나주셨는데도 갈릴리 바다로 다시 고기 잡으러 갔던 바로 그 제자들이, 성령을 받고 목숨을 내려놓은 예수 복음 전사들로 변해버리지.

예수의 제자들이 예수를 전하기 위해 온 나라로 흩어졌고 그래서 '교회'가 처음 생겼어. 그런데 처음부터 문제가 생겼어. 이방 나라에서 예수를 하나님의 아들로 믿기 시작했는데 이방 나라에 있는 유대인들은 미워했어. 많은 이방인들은 예수가 유대인이라는 것도 몰랐어.

이때부터 예수가 파란눈의 금발 청년으로 둔갑되었어.

나오미를 따르는 룻,
이스라엘을 돕는 이방인

교회가 성경의 이스라엘이 아니라면, 유대인이 아닌 이방인 크리스천은 성경적으로 어떤 의미가 있는지 문제가 남아 있잖아. 이 문제를 풀기 위해서 성경의 『룻기』를 읽어야해.

성경의 『룻기』는 재미있는 소설 같아. 그런데 모든 구약이 예수를 얘기하는 예언서라는 관점에서 읽으면 룻이라는 이방 여자가 우리 이방인을 의미한다는 것을 알게 돼.

나오미는 베들레헴 여자야. 같은 마을 남자와 결혼했는데 먹을 게 없어서 두 아들을 데리고 이방 땅으로 갔어. 모압이라는 곳인데 지금의 요르단이야.

모세가 광야 생활을 할 때도 이 모압을 지나갔었어. 모세가 남긴 유명한 말, "이스라엘아, 들어라! 주 우리 하나님은 한 분이신 주님이시다. 너희는 마음을 다하고 목숨을 다하고 힘을 다하여 주 너희 하나님을 사랑해야 한다"고 연설했던 곳이 바로 모압이었어.

모압은 아브라함의 조카 롯과 그의 딸 사이에 태어난 아이야. 아빠하고 딸 사이에 어떻게 아이가 태어날 수 있는지 엄마도 이해하기 힘들어. 3000년 전 고대 중동 문화에 대한 이해가 더 필요하겠지. 후에 모압이 이스라엘을 괴롭히는 이방 국가가 되는거 보면, 모압의 출생 과정을 하나님도 달가워하지 않았던 거 같아.

나오미의 남편이 모압에서 죽어. 나오미의 두 아들은 모압 여자하고 결혼해. 나오미가 아들을 유대인 여자하고 결혼시키려 노력하진 않은 거 같아. 그런데 이 두 아들이 죽어. 남편 죽고 자식까지 죽으면 여자로서는 절망이지.

남의 땅에서 남편과 자식없이 살 수 없으니 나오미는 베들레헴 고향으로 돌아갈 결심을 해. 마침 고향 땅에 먹을 곡식이 있다는 소문도 들었어. 이방 며느리들에게는 각자의 집으로 돌아가라고 했어. 그런데 한 며느리가 영화 대사같은 멋있는 말을 했어.

"어머니의 백성이 내 백성이 되고, 어머니의 하나님이 내 하나님이 되시리이다."

이스라엘의 하나님을 우리 이방인들도 하나님으로 받아들이겠다는 신앙 고백인거야.

스가랴 8장 23절이 룻의 신앙 고백을 증명해주는 말씀이야.

〈만군의 주가 이같이 말하노라, 그날에는 열 사람이 민족의 모든 언어에서 나와 붙잡으니, 즉 유대인인 사람의 옷자락을 붙잡고 말하기를 "우리가 너희와 함께 가리니, 이는 하나님께서 너희와 함께 계심을 우리가 들었음이라"하리라.〉

열 사람이 열방을 가리키고, 열방이 이스라엘의 옷자락을 붙잡고 함께 가며, 하나님이 너희와 함께 계심을 들었기 때문이다, 라고 말하는 때가 온다는 예언이야.

많은 여자들은 남편의 옷자락을 붙잡든지 자식의 옷자락을 붙잡고 살아. 시어머니 옷자락 붙들고 사는 여자는 없어. 그런 시어머니같은 나라가 이스라엘이야. 모든 사람들이 이스라엘을 며느리가 시어머니보듯 싫어하잖아.

그런데 룻은 어떻게 시어머니와 함께 죽겠다고 쫓아갔을까? 룻은 나오미의 가족을 통해 하나님을 믿게 됐을 거야. 모압 사람들이 믿는 신이 가짜라는 것을 깨달은 거지. 시어머니를 따라간 게 아니라 하나님이 택한 백성 이스라엘을 따라간 거였어.

많은 나라와 많은 사람들이 이스라엘을 계속 미워할거야. 하나님이 이스라엘을 가장 사랑하시기 때문에 하나님을 싫어하는 영은 이스라엘을 가장 미워하게 되는게 당연하지.

하나님이 아브라함을 부르실 때 이스라엘에 대해 하신 말씀이 있어.

"너를 축복하는 자들에게 내가 복을 주고 너를 저주하는 자를 저주하리라"

우리 이방인들이 하나님의 복을 받기를 원하면 이스라엘을 축복해야해. 오래 살고 부자되고 유명해지는 세상 복을 받는 게 아니고, 그와 비교할 수 없는 하나님의 영적 복을 받게 되는 거야.

아들, 예루살렘에 가자

아들, 예루살렘에 또 가자

비행기가 이스라엘 땅을 뒤로 하고 지중해 바다 위를 날고 있어. 점점 멀어지는 이스라엘 땅을 내려다보니 성경에 나오는 모든 지명들을 둘러보지 못하고 떠나는 게 아쉽기만 해.

무서워 떨리는 마음으로 이스라엘에 갔다가 떠날 때는 예수님의 여정을 밟아본 감동으로 다시 떨리네. 그 감동의 여정을 아들과 함께 나눴다는 게 참 행복해.

예루살렘 여정은 너에게도 평생 지워지지 않을 추억이 될 거라고 믿어. 한 번의 추억으로 남기기엔 보고 느끼고 배울 것이 많은 곳이니 다시 예루살렘에 가고 싶어.

아들, 예루살렘에 또 가자.

〈예루살렘의 평안을 위하여 기도하라. 예루살렘을 사랑하는 자는 형통하리로다. 네 성 안에는 평강이 있고 네 궁중에는 번영이 있을 지어다〉 (시편 122:6-7).

아들, 예루살렘에 가자

하나님의 아들 발자취를 여덟 살 아들과 따라가보다

초판 1쇄 발행일 2017년 6월 14일

지은이 김미화
펴낸이 박영희
편집 김영림
디자인 이재은
마케팅 김유미
인쇄·제본 태광인쇄
펴낸곳 도서출판 어문학사
　　　　서울특별시 도봉구 해등로 357 나너울카운티 1층
　　　　대표전화: 02-998-0094/편집부1: 02-998-2267, 편집부2: 02-998-2269
　　　　홈페이지: www.amhbook.com
　　　　트위터: @with_amhbook
　　　　페이스북: www.facebook.com/amhbook
　　　　블로그: 네이버 http://blog.naver.com/amhbook
　　　　　　　　다음 http://blog.daum.net/amhbook
　　　　e-mail: am@amhbook.com
　　　　등록: 2004년 7월 26일 제2009-2호

ISBN 978-89-6184-444-4　03200
정가 15,000원

이 도서의 국립중앙도서관 출판예정도서목록(CIP)은 e-CIP홈페이지(http://www.nl.go.kr/ecip)와
국가자료공동목록시스템(http://www.nl.go.kr/kolisnet)에서 이용하실 수 있습니다.
(CIP제어번호: CIP2017012826)

※잘못 만들어진 책은 교환해 드립니다.